Marine Nina Denis & Flora Denis

DIY FÜR MODERNE HEXEN

Stärke deine innere Magie mit selbstgemachten Pendeln, Räucherstäbchen, Amuletten und mehr

Fotos von Benoit Beghyn

Aus dem Französischen von
Svenja Tengs

KNESEBECK

Inhalt

Einleitung

Für das Praktizieren von Magie ist es unerlässlich, sich mit guten Hilfsmitteln zu umgeben. In diesem Buch finden Sie magische DIY-Gegenstände, die Sie bei Ihrer Praxis und Ihren Ritualen im Alltag begleiten werden.

Unsere magischen Objekte und Rituale sind persönliche Hilfsmittel. Wir sollten sie in vollem Bewusstsein begrüßen und eine echte Verbindung zu ihnen herstellen, damit sie zu einer Erweiterung unserer selbst werden.

Es sollte eine Begegnung zwischen Ihnen und dem Gegenstand stattfinden – und bestenfalls Liebe auf den ersten Blick sein. Das kann beim Bummeln durch einen Laden passieren oder auf einem Trödelmarkt. Es kann sich auch um einen Gegenstand handeln, den Ihnen eine Person geschenkt hat, die Ihnen viel bedeutet.

Unserer Meinung nach sind jedoch jene Hilfsmittel am wirkungsvollsten, die Sie in Ruhe und mit Liebe angefertigt und zu denen Sie seit ihrer Entstehung eine echte Verbindung geknüpft haben.

In diesem Buch werden Sie leicht herzustellende Hilfsmittel finden, die Ihnen im Alltag bei Ihrer magischen Arbeit und Ihren Ritualen nützlich sein werden.

Diese DIY-Gegenstände und ihre Konstruktionen basieren auf unseren Erfahrungen. Sie können sie gerne nach Belieben anpassen, solange Sie dabei vorsichtig vorgehen, insbesondere bei der Verwendung von Pflanzen und ätherischen Ölen. Zögern Sie nicht, sich vor dem Gebrauch über mögliche Risiken zu informieren.

Ansonsten gilt: Testen, erfinden und experimentieren Sie – und vertrauen Sie auf Ihre eigene Magie!

Flora und Marine

Teil 1

MAGISCHE GEGENSTÄNDE

Magische Gegenstände im Alltag

Umgeben Sie sich beim Ausüben von Magie mit wichtigen Gegenständen, die Sie im Alltag, bei der Arbeit und bei Ihren Ritualen begleiten.

Diese Gegenstände sollten mit Bedacht ausgewählt werden, da sie zu Erweiterungen Ihrer selbst werden. Sie sind etwas ganz Persönliches und sollten gut gepflegt und regelmäßig in Stand gehalten werden, damit ihre Wirkkraft erhalten bleibt.

Keine Sorge, wenn Sie neu auf dem Gebiet der Magie sind: Sie müssen nicht alles sofort besorgen – nehmen Sie sich vielmehr Zeit, um Ihre Gegenstände zu finden. Der Prozess kann mehrere Monate, wenn nicht gar Jahre dauern.

Die meisten Objekte können Sie am besten selbst herstellen. Dies steigert ihre Wirkkraft und stärkt Ihre Verbindung zu ihnen.

Die grundlegenden Hilfsmittel einer Hexe

Im zweiten Teil dieses Buches finden Sie Schritt-für-Schritt-DIY-Anleitungen, mit denen Sie die Hilfsmittel herstellen können, die Ihnen tagtäglich bei Ihrer magischen Praxis von Nutzen sein werden. Wir haben im Vorfeld die wichtigsten Hilfsmittel für Sie ausgewählt, die Sie für eine wirksame Praxis benötigen, und Sie können fast alle selbst anfertigen.

ZAUBERSTAB

Mit Hilfe des Zauberstabs kann man während eines Rituals Energie kanalisieren. Er muss unbedingt von der Person hergestellt werden, die ihn besitzt und mit ihm zaubert (siehe »Zauberstab«, S. 76).

DAS BUCH DER SCHATTEN / ZAUBERBUCH

Das Buch der Schatten ist ein Notizbuch, in dem Sie die Rezepte und Ergebnisse aller persönlicher Praktiken aufbewahren. Es symbolisiert Ihr magisches Gedächtnis. Traditionsgemäß wird es nach dem Tod der zaubernden Person an ihre Nachkommen weitergegeben – oder verbrannt, falls es keine Erb:innen gibt. Sie können ein beliebiges Heft als Buch der Schatten verwenden, doch wenn Sie es selbst anfertigen, wird es umso persönlicher und wirkungsvoller (siehe »Das Buch der Schatten«, S. 104).

KESSEL

Der berühmte Hexenkessel wird zum Verbrennen von Räucherwerk oder Pflanzen verwendet. Mit Wasser gefüllt, kann er auch als Hilfsmittel zum Wahrsagen dienen. Heutzutage sind kleine gusseiserne Kessel in Esoterikläden zu finden. Alternativ kann man auch eine Schale oder einen Topf benutzen.

PENTAKEL

Pentakel sind runde Anhänger mit einem Stern, die bei Segensritualen zum Einsatz kommen. Sie sind zudem ein wichtiger Bestandteil von Altären. Sie können sie in Esoterikläden finden, aber auch leicht selbst herstellen (siehe »Pentakel«, S. 72).

KERZE

Kerzen begleiten Sie sowohl im Alltag als auch bei Ihren Ritualen. Bunte Kerzen eignen sich gut, um eine Absicht festzulegen (siehe »Die Bedeutung der Farben«, S. 138). Sie können auch weiße Kerzen mit ätherischen oder pflanzlichen Ölen verwenden, damit sich ihre Eigenschaften im Raum verteilen (siehe »Magische Kerzen«, S. 28). Wir empfehlen, die Kerzen vor der Verwendung immer auf ihre Inhaltsstoffe zu überprüfen. Im Handel erhältliche Kerzen, besonders günstige Kerzen wie Teelichter, können schädlich sein. Verwenden Sie lieber natürliche Materialien, z. B. Sojawachs (das einen natürlichen, herrlichen Vanilleduft verströmt) oder Bienenwachs.

RÄUCHERBÜNDEL

Dabei handelt es sich um Bündel getrockneter Pflanzen, die seit jeher zur Reinigung von Orten eingesetzt werden – sei es in den Traditionen der Urvölker oder der westlichen Medizin. Aus der modernen Magie sind sie nicht mehr wegzudenken (siehe »Räucherbündel«, S. 80).

TRINKSCHALE

Dieses Stielglas dient dazu, Wasser, Wein oder auch Cidre während der Rituale zu trinken. Traditionsgemäß handelt es sich um einen mit magischen Symbolen verzierten Silberbecher, aber Sie können genauso gut ein einfaches Stielglas als Kelch verwenden.

ALTAR

Der Altar ist ein heiliger Ort, auf den Sie nach Belieben alle möglichen rituellen Gegenstände, in der Natur gefundene Elemente, Kerzen und andere Dinge legen können, die für Ihre Praxis relevant sind. Er kann auch Ihre momentanen Absichten widerspiegeln und sich je nach Stimmung, Jahreszeit und Feiertag ändern (siehe S. 130). Er kann groß oder klein sein, gut sichtbar oder versteckt in einer kleinen Ecke – je nach Ihren Wünschen und Bedürfnissen.

ATHAME

Das Athame ist ein Dolch, der bei Ritualen zum Zeichnen magischer Kreise benutzt wird. Zudem dient es auf Sammeltouren in der Natur zum Abschneiden von Pflanzen, die Sie für Ihre magische Arbeit verwenden möchten.

Magische Gegenstände reinigen und aufladen

Egal, ob Sie Ihre magischen Objekte im Alltag oder nur bei Ritualen verwenden – Sie sollten sie regelmäßig reinigen und aufladen, damit sie ihre geballte Wirkkraft entfalten können.

ZUM REINIGEN

Eine der einfachsten Techniken zur Reinigung von Gegenständen ist die Räuchertechnik mit Bündeln getrockneter Pflanzen (siehe S. 80) oder Räucherstäbchen.

Zünden Sie Ihr Bündel an und verteilen Sie den Rauch, indem sie es mindestens dreimal gegen den Uhrzeigersinn um den Gegenstand kreisen lassen. Visualisieren Sie, wie der Gegenstand von allen unnützen Energien befreit wird. Vertrauen Sie auf Ihr Gefühl; es wird Ihnen sagen, wann Sie die Räucherung beenden können.

Wann sollte man Objekte reinigen?

- ✧ Vor und nach einem Ritual oder einer magischen Arbeit.
- ✧ Wenn man ein neues Objekt erhält.
- ✧ Wenn das Objekt von jemand anderem berührt oder benutzt wurde.
- ✧ Zur regelmäßigen Pflege: etwa einmal im Monat oder wann immer Sie es für nötig erachten.

Achtung: Von der Nutzung von Räucherbündeln wird in der Gegenwart von Kindern, Schwangeren und Personen mit Atemwegsbeschwerden abgeraten.

Welche Gegenstände kann man reinigen?

Im Grunde können alle Gegenstände gereinigt werden. Es gibt keine Gegenanzeigen. Sie können mit Hilfe dieser Technik auch Orte oder Personen reinigen.

ZUM AUFLADEN

Nach der Reinigung sollte man bestimmte Gegenstände neu aufladen, um ihre Wirksamkeit zu erhöhen. Eine der einfachsten Techniken besteht darin, sie im Licht des Vollmondes zu baden.

Legen Sie Ihre Gegenstände bei Vollmond ins Freie oder ans Fenster, sodass sie in Mondlicht getaucht sind.

Kleine Objekte können Sie auch in eine Jakobsmuschel legen. Diese wird sie auf natürliche Weise aufladen.

Wann sollte man seine Objekte aufladen?

- ✧ Vor einem Ritual oder einer magischen Arbeit.
- ✧ Wenn man ein neues Objekt erhält.
- ✧ Wenn das Objekt von jemand anderem berührt oder benutzt wurde.
- ✧ Zur regelmäßigen Pflege: etwa einmal im Monat oder wann immer Sie es für nötig erachten.

Achtung: Vergessen Sie nicht, Ihre Gegenstände zu reinigen, bevor Sie sie neu aufladen.

Welche Objekte können aufgeladen werden?

- ✧ Steine und Kristalle
- ✧ Amulette und Talismane
- ✧ Pentakel
- ✧ Wunschboxen
- ✧ Zauberstäbe
- ✧ magische Besen
- ✧ Pendel
- ✧ Runen
- ✧ Orakel
- ✧ Kessel
- ✧ Athamen
- ✧ Kelche
- ✧ und viele weitere …

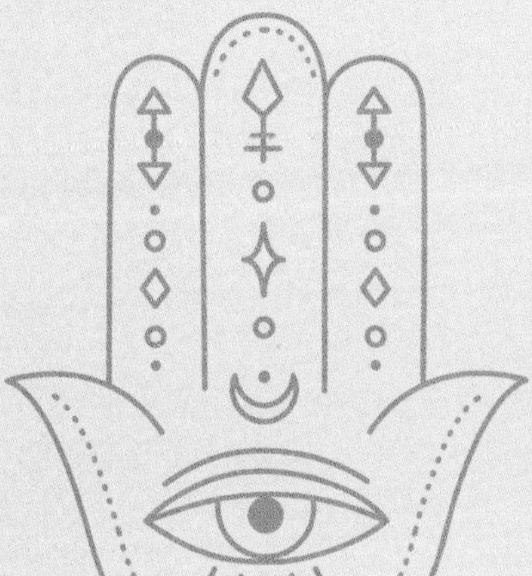

Herstellung

Unsere magischen Objekte sind Erweiterungen unserer selbst. Ihre Herstellung ist eine wichtige Phase, in der wir eine starke Verbindung zu ihnen knüpfen können. Sie sollte daher gründlich vorbereitet und mit derselben Absicht wie ein Ritual durchgeführt werden.

Für die in diesem Buch vorgeschlagenen DIY-Projekte haben wir bevorzugt natürliche Elemente aus der Natur und Materialien verwendet, die leicht im Handel zu finden sind. Wählen Sie sie mit Bedacht aus, da sie das Rohmaterial Ihrer magischen Gegenstände sind.

Sobald Sie Ihre Kreationen fertiggestellt haben, empfehlen wir, sie vor der ersten Nutzung zu segnen, um den Prozess gebührend abzuschließen und ihre Wirksamkeit zu erhöhen.

Die Auswahl des Materials

Die Herstellung Ihrer Gegenstände ist eine wichtige Phase des magischen Prozesses. Für eine höhere Wirksamkeit sollten Sie jeden Bestandteil sorgfältig und in einer respektvollen Haltung gegenüber der Natur auswählen.

DIE NATUR

Die Natur ist die erste Anlaufstelle, um Rohmaterial für die Herstellung Ihrer magischen Gegenstände zu suchen. In diesem Buch enthalten viele DIY-Objekte Elemente, die im Wald oder am Strand zu finden sind.

Wenn Sie Pflanzen schneiden müssen (zum Beispiel für ein Herbarium, ein Räucherbündel, ein Pflanzenkissen, ein magisches Fläschchen oder zum Aufhängen von Pflanzen), ernten Sie nur diejenigen, die Sie sicher bestimmen können. Zwischen essbaren und giftigen Pflanzen bestehen viele Ähnlichkeiten. Achten Sie darauf, niemals geschützte Arten mit nach Hause zu nehmen. Sammeln Sie auch nur so viele, wie Sie brauchen, und reißen Sie Wurzeln nur dann aus, wenn es nötig ist. Schneiden Sie Ihre Pflanzen mit Ihrem Athame, einem Messer, einer Schere oder einer Sichel, vorzugsweise mit Holzgriff. Um die gesammelten Pflanzen nicht zu beschädigen, transportieren Sie sie nach Möglichkeit in einer speziellen Baumwolltasche oder einer Schachtel. Vermeiden Sie es, Ihre Pflanzen vor dem Trocknen zusammenzudrücken oder luftdicht aufzubewahren.

Wenn Sie Äste benötigen (für einen Zauberstab, ein Pentakel, ein Mondmobile oder einen magischen Besen), sammeln Sie am besten welche vom Boden auf. Vermeiden Sie es möglichst, sie von Bäumen und Büschen abzuschneiden.

Achten Sie bei allen Elementen aus der Natur darauf, dass Sie sie weder in empfindlichen Naturräumen noch in Naturschutzgebieten sammeln.

BIOLÄDEN

Wenn Sie Pflanzen benötigen, die Sie nicht selbst in der Natur finden können, wenden Sie sich nach Möglichkeit direkt an Kräuter- und Heilpflanzengärtnereien. Sie können Ihre getrockneten Pflanzen auch in Bio- oder Kräuterläden kaufen. Verzichten Sie auf Pflanzen, die im Licht gelagert wurden (Verpackungen mit Klarsichtfolie). Frische Pflanzen können Sie aus Bioläden beziehen oder von Obst- und Gemüsehändler:innen. Dort finden Sie auch ätherische Öle, mit denen Sie Kerzen und Salz herstellen können.

BLUMENHANDEL

Für manche DIY-Projekte werden viele Blumen benötigt (insbesondere für den Blumenkranz). Wenn Sie diese nicht in der Natur finden können, wenden Sie sich an Ihren örtlichen Blumenladen. Suchen Sie, wenn möglich, einen Fair-Trade-Blumenladen auf, der regionale und saisonale Produkte einkauft. Da diese Blumen nicht so weit gereist sind und weniger chemische Stoffe enthalten, sind sie wirksamer.

BASTELLÄDEN

Die meisten anderen Bestandteile sind in Bastelgeschäften zu finden. Zögern Sie auch hier nicht, sich über die Herkunft des Rohmaterials zu informieren. Je weniger weit es gereist ist, desto effizienter ist es. Bei Wolle sollten Sie Bio-Wolle den Vorzug geben. Bei Wachs wählen Sie am besten europäisches Sojawachs aus.

GESCHÄFTE FÜR SELBST GEMACHTE KOSMETIK

Für die Herstellung von Zaubersalzen empfehlen wir die Verwendung von Oxid, das in Geschäften erhältlich ist, die auf selbst gemachte Kosmetik und ihre Herstellung spezialisiert sind. Dort können Sie sich auch mit ätherischen Ölen für Kerzen eindecken. Wählen Sie am besten biologische oder von Ecocert zertifizierte ätherische Öle aus.

Herstellungsritual

Für eine optimale Wirkkraft sollte die Herstellung jedes magischen Gegenstandes wie ein Ritual vorbereitet werden. Diese Vorbereitung ist eine wichtige Phase, in der die Wirksamkeit des Gegenstandes sichergestellt wird.

1. Reinigen Sie den Ort

Reinigen Sie die Herstellungsstätte. Sorgen Sie dafür, dass der Raum, in dem Sie den Gegenstand herstellen, sauber und luftig ist. Sie können ihn auch energetisch reinigen, indem Sie ein Räucherbündel an Ihrer Produktionsstätte verbrennen.

2. Reinigen Sie Ihr Werkzeug

Reinigen Sie mit einem Räucherbündel jedes Werkzeug, das Sie zur Herstellung Ihres magischen Gegenstandes benutzen möchten.

3. Bereiten Sie den Ort vor

Breiten Sie alle Werkzeuge vor sich aus, die Sie zur Herstellung Ihres magischen Gegenstandes verwenden möchten, und bedanken Sie sich bei ihnen, bevor Sie mit der Herstellung beginnen. Wie bei einem klassischen Ritual können Sie Kerzen um Ihren Arbeitsbereich herum aufstellen, um die Energie zu verstärken und zu kanalisieren.

4. Legen Sie Ihre Absicht fest

Bevor Sie mit der Herstellung Ihres Gegenstandes beginnen, legen Sie eine Absicht hinsichtlich seines Nutzens fest. Visualisieren Sie, wie er in fertigem Zustand aussehen wird, und überlegen Sie sich, welche verschiedenen Verwendungsarten er haben könnte.

5. Handeln Sie in vollem Bewusstsein

Jetzt können Sie loslegen. Behalten Sie während des gesamten Herstellungsprozesses die gewünschten Verwendungsarten Ihres Gegenstandes im Kopf. Seien Sie bei jedem Herstellungsschritt vollkommen präsent. Spüren Sie die Verbindung, die dabei entsteht. Wenn Sie in Gedanken abdriften, besinnen Sie sich auf das, was Sie gerade tun.

6. Begrüßen Sie Ihren Gegenstand

Ist der Herstellungsprozess beendet, können Sie sich bei allen Werkzeugen bedanken und den neuen Gegenstand willkommen heißen.

Magische Gegenstände segnen

Jeder Gegenstand, der für magisches Arbeiten oder Rituale vorgesehen ist, sollte gesegnet werden, wenn er in unseren Besitz übergeht und bevor er zum ersten Mal verwendet wird. Im Folgenden finden Sie eine Segnung von Gegenständen nach den vier Elementen.

WAS SIE BENÖTIGEN

- 1 Räucherbündel oder -stäbchen (für das Element Luft)
- 1 weiße Kerze (für das Element Feuer)
- 1 Wasserschüssel (für das Element Wasser)
- Salz auf einem Teller (für das Element Erde)

1. Begeben Sie sich in einen magischen Kreis, den Sie auf den Boden gezeichnet haben.
2. Führen Sie den Gegenstand dreimal durch den Rauch des Räucherbündels.
3. Führen Sie den Gegenstand dreimal durch die Flamme der Kerze (oder mit ausreichend Abstand darüber hinweg, wenn er entzündlich ist).
4. Geben Sie 3 Tropfen Wasser auf den Gegenstand.
5. Legen Sie ihn in das Salz.
6. Nehmen Sie ihn in die Hände und visualisieren Sie seine magische Funktion.

DER MAGISCHE KREIS

Der Kreis ist die Grundlage aller Rituale und des magischen Arbeitens. Mit ihm können Sie die positiven Energien in Ihrer Umgebung kanalisieren und verhindern, dass sie sich zerstreuen.

Sie können den Kreis mit Salz, Kreide, Kerzen, Kreppband oder dem Hilfsmittel Ihrer Wahl auf den Boden zeichnen. Wenn Sie möchten, können Sie auch ein Pentagramm hineinzeichnen.

Begeben Sie sich in die Kreismitte und stellen Sie sich vor, dass Sie sich inmitten einer Lichtkugel befinden, die nicht über den Kreis hinausreicht.

Wenn Sie ein Ritual mit mehreren Personen ausführen, passen Sie die Kreisgröße der Anzahl der Teilnehmenden an.

Teil 2

DIY

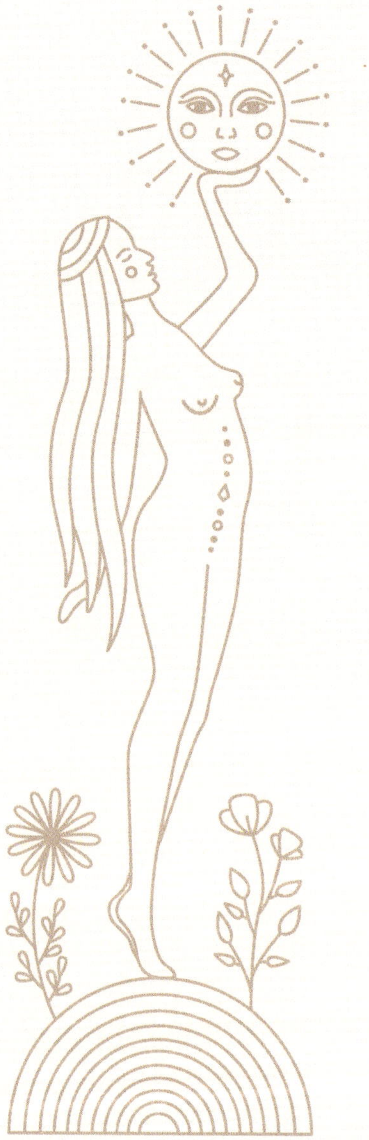

Das magische Zuhause

In diesem Kapitel schlagen wir Ihnen DIY-Gegenstände vor, mit denen Sie Ihr Zuhause in ein richtiges Hexenhaus verwandeln können.

Unser Zuhause ist unser Hexennest. Wir sollten uns mit ihm verbunden und im Einklang fühlen. Dies ist der Ort, an dem wir uns ausruhen, Kraft tanken und uns von der Außenwelt zurückziehen können, aber zugleich auch sehr oft der Ort, an dem wir unsere magische Arbeit verrichten. Wir sollten darauf achten, ihn sauber und im Gleichgewicht zu halten.

Wenn möglich, sollten Sie Ihren Wohnort bewusst auswählen. Vertrauen Sie auf Ihre Intuition, wenn Sie eine Wohnung oder ein Haus besichtigen. Fühlen Sie sich wohl und entspannt? Informieren Sie sich über die vorherigen Bewohner:innen und ihre Geschichte.

Bevor Sie einziehen, denken Sie daran, den Ort gründlich zu putzen und energetisch zu reinigen. Stellen Sie sich Ihren neuen Lebensraum vor und begrüßen Sie ihn mit Wohlwollen.

Wenn Sie zu Hause magisch arbeiten möchten, wäre ein eigenes Zimmer dafür ideal. Wir wissen jedoch, dass dies in der Realität oft schwierig umzusetzen ist. Falls dem so ist, halten Sie eine kleine Ecke für Ihren Altar frei, auf den Sie Ihre magischen Gegenstände legen können.

Magische Kerzen

Wer Kerzen im Kreis aufstellt, kann während eines Rituals Energie kanalisieren. Einzelne Kerzen können uns dabei helfen, eine Absicht festzulegen.

Kerzen symbolisieren vier sich ergänzende Energien: Sie stehen für Luft, deren Sauerstoff die Flamme speist, für Erde, die die Kerze in festem Zustand hält, für Wasser, das das Wachs flüssig werden lässt, und für Feuer, das den Docht zum Brennen bringt. Kerzen sind unverzichtbar für die magische Arbeit und werden bei Ritualen im Kreis aufgestellt, um die Energie in der Kreismitte zu kanalisieren. Sie können auch eine Unterstützung bei Meditationsübungen und Visualisierungen sowie beim Festlegen einer Absicht sein. Im Alltag sorgen sie für eine wohlig-warme Atmosphäre und verteilen dabei ihre Eigenschaften im Raum.

Magischer Tipp

Um eine Kerze zu löschen, pusten Sie sie nicht direkt aus, da so die bei der Praxis freigesetzte Energie unterbrochen wird. Nutzen Sie einen Kerzenlöscher oder ein bisschen Wasser.

WAS SIE BENÖTIGEN

- 250 g Sojawachs
- 20 Tropfen ätherischer Öle
- 1 Kerzendocht, mit Wachs umhüllt
- 1 Glasgefäß, das 200 ml fasst
- mehrere Prisen getrockneter Pflanzen

ACHTUNG

Wenn die Kerze niedergebrannt ist, können die getrockneten Pflanzen Feuer fangen. Lassen Sie die Kerze nicht ganz abbrennen. Löschen Sie sie, wenn noch mehrere Millimeter Wachs übrig sind. In jedem Fall sollten Sie eine brennende Kerze nie unbeaufsichtigt lassen.

1. Erhitzen Sie das Sojawachs in einem Wasserbad auf 70 °C. Geben Sie anschließend die ätherischen Öle und das Wachs in ein Gefäß und vermischen Sie alles.
2. Stellen Sie den Docht auf den Boden des Glasgefäßes und fixieren Sie ihn mit etwas warmem Wachs. Schütten Sie anschließend die Mischung aus Wachs und ätherischen Ölen ins Glasgefäß.
3. Warten Sie, bis die Kerze etwas härter wird, bevor Sie die getrockneten Pflanzen darüberstreuen.

Sie können den Docht mit Hilfe von Stäbchen oder einer Wäscheklammer in der Mitte der Kerze fixieren.

REZEPTE

Konzentration und Dynamik

10 Tropfen ätherisches Pfefferminzöl · 10 Tropfen ätherisches Rosmarinöl · 1 Prise getrocknete Minze · 1 Prise getrockneter Rosmarin

Schutz und Reinigung

10 Tropfen ätherisches Myrrheöl · 10 Tropfen ätherisches Öl aus Echtem oder Breitblättrigem Lavendel · 1 Prise getrockneter Salbei · 1 Prise getrocknete Lavendelblüten

Wahrsagen und Hellsehen

10 Tropfen ätherisches Orangenöl · 10 Tropfen ätherisches Estragonöl · mehrere Gramm getrocknete Orangenschalen · 1 Prise getrockneter Rosmarin

Liebe und Selbstvertrauen

15 Tropfen ätherisches Ylang-Ylang-Öl · 5 Tropfen ätherisches Nelkenöl · 1 getrocknetes und zerbröckeltes Rosenblatt · 1 Prise getrocknete Minze

Entspannung und Meditation

10 Tropfen ätherisches Weihrauchöl · 10 Tropfen ätherisches Majoranöl · mehrere getrocknete Kamillenblüten · mehrere getrocknete und zerbröckelte Eisenkrautblüten

Gebrauchsanweisung: *Von der Verwendung von Kerzen mit ätherischen Ölen im Beisein von Schwangeren oder kleinen Kindern wird abgeraten.*

WEITERE SCHRITTE

Sie können Ihre Kerzen auch mit natürlichen Farbstoffen färben, je nachdem welche magische Arbeit Sie ausführen möchten. Jede Farbe hat ihre eigene Wirkkraft, die die in die Kerze hineingegebene Absicht und die Wirkung der einzelnen Inhaltsstoffe unterstützen kann (siehe »Die Bedeutung der Farben«, S. 138).

Magischer Wandbehang

Ihr magischer, in vollem Bewusstsein hergestellter Wandbehang symbolisiert eine Bitte oder eine Absicht, mit der Sie sich umgeben möchten.

Der Knoten ist ein Symbol für Vereinigung und Befreiung. In zahlreichen Traditionen symbolisiert er die Verbindung zwischen dem Menschlichen und dem Göttlichen ebenso wie zwischen dem Menschlichen und den Elementen. Formulieren Sie während des gesamten Herstellungsprozesses Ihres Wandbehangs eine präzise Absicht oder Bitte, die in Erfüllung gehen soll. So wird der mit Energie aufgeladene Wandbehang zu einem ganz persönlichen Werk, das seinen Platz auf Ihrem Altar oder in einem Ihrer Zimmer einnehmen kann.

Sie können den Wandbehang auch verschenken und eine wohlwollende Absicht für jemand anderen hineingeben.

HINWEIS

Sie können auch eine andere Kordelgröße verwenden oder einen Wandbehang mit verschiedenen Kordeln anfertigen. Beachten Sie, dass hierfür die Länge des Holzstabes und der Kordelstücke angepasst werden muss. Je dicker die Kordel und/oder je größer die Anzahl der Knoten, desto länger müssen die Kordelstücke sein.

Magischer Tipp

Bevor Sie einen Wandbehang herstellen, sollten Sie das Binden der Knoten üben, bis Ihnen die Bewegung vollkommen vertraut ist. Je besser Sie die Bewegung verinnerlicht haben, desto stärker können Sie sich auf die Absicht konzentrieren, die Sie in Ihre Arbeit hineingeben möchten.

WAS SIE BENÖTIGEN

◊ 1 Stab, ca. 35 cm lang
◊ 1 Schere
◊ 1 Baumwollkordelspule, gekämmt oder gedreht, für Makramee

Lesen Sie für die Auswahl Ihrer Kordel Seite 134 zur Bedeutung der Farben.

1

2

3

4

1. Schneiden Sie 16 Kordelstücke von jeweils 2 m Länge ab. Verknoten Sie sie nebeneinander gemäß Schema A auf Seite 35.
2. Legen Sie über die gesamte Länge eine Knotenreihe nach Schema B an. Darunter binden Sie anschließend eine Knotenreihe gemäß Schema C.
3. Wiederholen Sie Schritt 2 für jede Reihe. Um Ihrem Wandbehang die Form eines Dreiecks zu geben, lassen Sie die Kordeln am Anfang und am Ende der Reihe ungeknotet. In der nächsten Reihe lassen Sie 4 Kordeln auf jeder Seite ungeknotet, in der übernächsten 8 …
4. Wenn alle Reihen fertiggestellt sind, verknoten Sie die Kordel am Anfang und am Ende der Reihe mit der jeweils darunterliegenden Kordel. In der letzten Reihe verknoten Sie die Kordeln des Knoten, den Sie nach Schema B und C gebunden haben.

WIE BINDET MAN KNOTEN?

Schema A

Legen Sie den zusammengelegten Strang auf den Stab.
Ziehen Sie die Schlaufe hinter den Stab.
Führen Sie beide Enden durch die Schlaufen.
Ziehen Sie an den Enden, um den Knoten festzuziehen.

Schema B

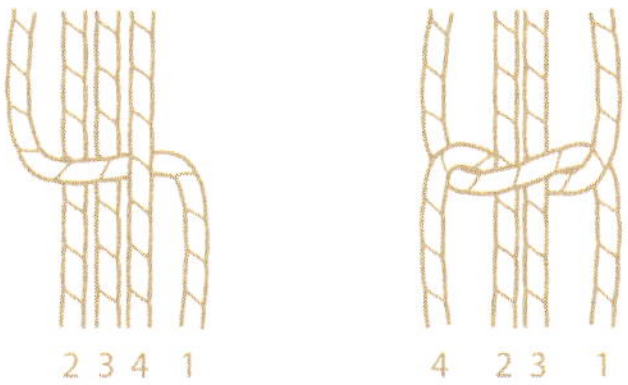

Legen Sie Strang 1 über die Stränge 2 und 3 und dann unter Strang 4.
Legen Sie Strang 4 unter die Stränge 3 und 2 und dann über Strang 1.
Ziehen Sie an den Enden, um den Knoten zu positionieren.

Schema C

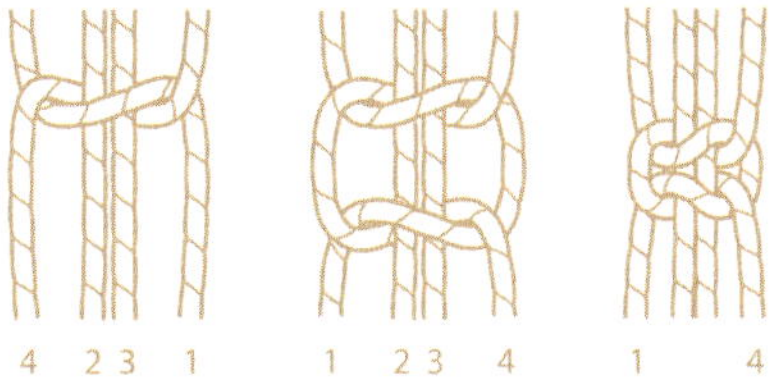

Legen Sie Strang 1 wieder über die Stränge 3 und 2 und unter Strang 4.
Legen Sie dann Strang 4 unter die Stränge 2 und 3 und ziehen Sie ihn durch die Schlaufe heraus.
Ziehen Sie an den Strängen 1 und 4, um sie festzuziehen.

WEITERE SCHRITTE

Je nach Inspiration können Sie für Ihren Wandbehang beliebig viele Farben verwenden. Sie können ihn auch mit Holzperlen oder Federn an den Kordelenden versehen. Lassen Sie Ihrer Kreativität freien Lauf.

Pflanzliches Kissen

Das pflanzliche Kissen ist ein Kopfkissen aus getrockneten Pflanzen, das Sie nachts oder während Ihrer Meditations- und Yogapraxis verwenden können.

Das pflanzliche Kissen begleitet Sie durch die Nacht und kann dafür sorgen, dass Sie ruhiger schlafen, häufiger träumen oder sich besser an Ihre Träume erinnern. Sie können es auch für Ihre meditativen oder sportlichen Übungen verwenden. In jedem Fall ist die Wahl der Pflanzen von großer Bedeutung. Weiter unten empfehlen wir Ihnen Mischungen, die auf den Eigenschaften der Pflanzen basieren. Sie können aber auch Ihre eigenen Rezepte zusammenstellen; informieren Sie sich in diesem Fall über die magischen Wirkkräfte von Pflanzen auf S. 134.

REZEPTE

✧ ***Tiefer Schlaf***
Mohnblume · Lavendel · Rose · Eisenkraut · Salz

✧ ***Intensive Träume***
Beifuß · Mohnblume · Gewöhnlicher Hornklee · Pfingstrose · Salz

✧ ***Tiefe Meditation***
Basilikum · Salbei · Minze · Lorbeer · Salz

✧ ***Yoga***
Eukalyptus · Salbei · Rosmarin · Minze · Salz

Magischer Tipp

Die magische Wirkung des pflanzlichen Kissens bleibt so lange erhalten, wie die Pflanzen ihren Duft verströmen. Wenn sie aufhören zu duften, leeren Sie das Kopfkissen und stellen Sie eine neue Mischung her.

WAS SIE BENÖTIGEN

- Getrocknete Pflanzen, die 50 % der gesamten Füllung ausmachen
- Getreidespreu (Hirse, Dinkel oder Buchweizen), die 50 % der gesamten Füllung ausmacht
- 1 Baumwollkissenbezug, vorzugsweise mit Reißverschluss (empfohlene Größe: 30 × 50 cm oder 40 × 40 cm)
- 1 Prise Salz

Wir verzichten auf genaue Mengenangaben für die getrockneten Pflanzen und das pflanzliche Füllmaterial, da diese von der Dichte der ausgewählten Pflanzen und Ihrer Vorliebe für weiche oder feste Kissen abhängen.

1

2

3

1. Vermischen Sie die getrockneten Pflanzen und die Getreidespreu in einer Schüssel.
2. Füllen Sie alles in den Kissenbezug und passen Sie die Menge je nach Bedarf an. Geben Sie 1 Prise Salz für die Schutzwirkung hinzu.
3. Sprechen Sie Ihre Absicht hinsichtlich des Nutzens des pflanzlichen Kissens aus. Schließen Sie dann den Bezug.

WEITERE SCHRITTE

Um die Wirkkraft Ihres pflanzlichen Kopfkissens zu erhöhen, können Sie ein magisches Zeichen oder Symbol darauf sticken (siehe S. 140).

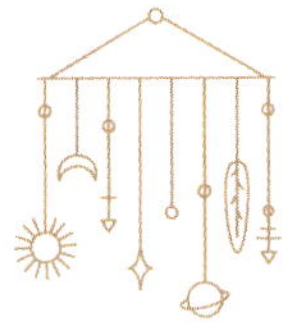

Herbarium

Das Herbarium ist ein bedeutendes Forschungsinstrument und zugleich eine der wichtigsten Methoden zur Konservierung von Pflanzen.

Während Ihrer magischen Praxis müssen Sie Ihre Pflanzen wahrscheinlich selbst ernten. Bei dieser Gelegenheit können Sie gleich ein Herbarium anlegen, um Ihre Funde zu konservieren: Tragen Sie die gesammelten Arten ebenso wie Fundort und -datum in Ihre Pflanzensammlung ein. So können Sie Ihre zukünftigen Sammeltouren in der Natur planen und optimieren sowie zugleich die magische Wirkung der Pflanzen erhalten und sich damit umgeben. Ihr Herbarium sollte vor Licht und Feuchtigkeit geschützt werden.

Magischer Tipp

DIE ERNTE DER PFLANZEN

Sammeln Sie Pflanzen vorzugsweise bei trockenem Wetter, sie dürfen nicht feucht sein, wenn Sie sie zum Trocknen aufhängen. Stellen Sie beim Ernten sicher, dass Sie weder geschützte Arten noch Pflanzen in empfindlichen Naturräumen oder Naturschutzgebieten sammeln. Achten Sie auch darauf, nur so viel mitzunehmen, wie Sie brauchen, und die Wurzeln nur dann auszureißen, wenn es nötig ist. Um die gesammelten Pflanzen nicht zu beschädigen, sollten Sie sie in einer speziellen Baumwolltasche oder einer Schachtel transportieren und sie vor dem Trocknen weder zerquetschen noch luftdicht aufbewahren. Geben Sie der Natur etwas zurück, indem Sie ein paar Samen aus Ihrer Ausbeute aussäen. Denken Sie daran, den gesammelten Pflanzen und der Erde für ihre Gaben zu danken.

WAS SIE BENÖTIGEN

- frisch geerntete Pflanzen
- Zeitungs- oder Löschpapier
- 1 dickes Buch
- 1 Schere
- 1 Notizbuch oder Heft (am besten mit einem Gummiband zum Verschließen)
- Klebstoff oder selbstklebendes Papier

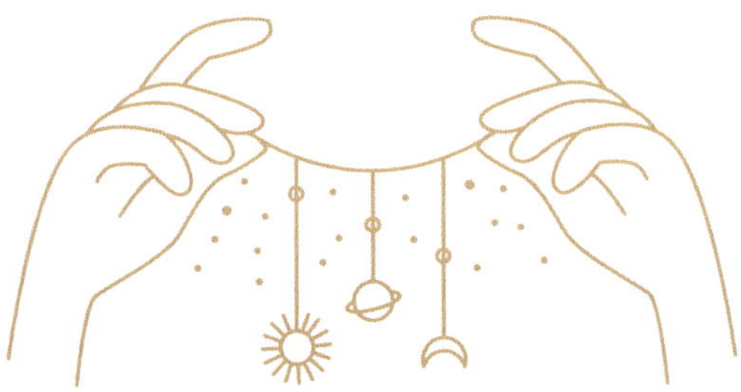

1. Legen Sie die einzelnen zu trocknenden Pflanzen zwischen zwei Blätter Zeitungs- oder Löschpapier. Legen Sie diese wiederum 2 bis 3 Wochen lang zwischen 2 Seiten eines dicken Buchs.

2. Nach dem Trocknen kleben Sie die Pflanzen mit einem kleinen Klebestift oder kleinen Streifen selbstklebenden Papiers in Ihr Notizbuch. Verzichten Sie auf Klebeband, da der Klebstoff zu stark ist.

3. Notieren Sie bei jeder Pflanze den Namen der Art sowie den Ort und das Datum des Fundes. Sie können Ihr Buch auch mit Skizzen ergänzen.

WUSSTEN SIE SCHON?

Viele Pflanzenarten, die im 19. und 20. Jahrhundert in Herbarien festgehalten wurden, sind heute verschwunden oder von anderen verdrängt worden. Sollten Sie Ihr Herbarium vererben, kann es ein interessantes Werkzeug für zukünftige Generationen sein.

Pflanzen aufhängen

Das in der grünen Magie sehr beliebte Aufhängen von Pflanzen ist eine überaus wirksame Technik, um Pflanzen optimal zu trocknen.

Nach einem Streifzug durch die Natur oder dem Kauf frischer Pflanzen (etwa für die Herstellung eines haltbaren Blumenkranzes, siehe S. 92) müssen die Pflanzen durch Trocknen konserviert werden, ohne dass dabei ihre Wirkung verloren geht. Hierfür gibt es verschiedene Techniken, z.B. das Trocknen auf Gestellen oder das Dörren mit einem Dörrautomaten. Das Aufhängen von Pflanzen bleibt jedoch die wirksamste und praktischste Methode, um kleinere Pflanzenmengen zu trocknen.

WAS SIE BENÖTIGEN

- Sträußchen aus frisch geschnittenen Pflanzen
- Baumwoll- oder Hanfgarn
- 1 Ast oder Holzstab, ca. 80 cm lang

1

2

3

1. Binden Sie lockere Sträußchen, damit die Pflanzen optimal trocknen können. Umwickeln Sie diese mit Baumwoll- oder Hanfgarn. Lassen Sie am Ende etwa 50 cm Garn übrig.
2. Schneiden Sie 1 m Garn ab. Knoten Sie es mit 5 cm Abstand an die Enden des Holzstabs. Hängen Sie den Ast am Garn auf.
3. Hängen Sie die Pflanzensträußchen kopfüber in einem Abstand von 10 cm an dem hängenden Ast auf. Sie können den Platz optimal nutzen, indem Sie die Fadenlänge variieren und die Pflanzen versetzt aufhängen.

VORSICHT

- Wenn die Pflanzen zum Verzehr bestimmt sind, sollten Sie sie vor dem Trocknen gründlich reinigen.
- Damit die Pflanzen ihre Eigenschaften und Farben nicht verlieren, sollten Sie sie vor direktem Licht schützen.
- Nach dem Trocknen können Sie die Pflanzen mehrere Monate lang in einem luftdichten, trockenen und lichtgeschützten Einmachglas aufbewahren, um sie für Gerichte oder Tees zu verwenden.

Magischer Tipp

Wie kann man getrocknete Pflanzen nutzen?

Als Tee
Lassen Sie die Pflanzen je nach Menge und persönlichen Vorlieben zwischen 5 und 15 Minuten in siedendem Wasser ziehen. Nehmen Sie den Filter heraus und genießen Sie Ihren Tee.

In der Hexenküche (bzw. Kitchen Witchery)
Bereiten Sie Gerichte oder Getränke mit Pflanzen zu, um von ihren magischen Eigenschaften zu profitieren.

Zum Räuchern
Sie können Pflanzen verbrennen, ohne ein Räucherbündel herstellen zu müssen. Legen Sie hierfür die getrockneten Blätter oder Blüten in einem geeigneten Behälter auf ein glühendes Stück Kohle.

Für magische Gegenstände
Sie können aus Ihren Pflanzen auch magische Hilfsmittel (Amulett, pflanzliches Kissen etc.) herstellen oder sie einfach zu Sträußchen binden.

Mondmobile

Als Deko-Gegenstand für ein magisches Interieur erinnert uns das Mondmobile jeden Tag an unsere Verbindung mit diesem Gestirn.

Der Mond ist ein wichtiger Partner im Alltag aller Hexen. Seine zyklische Kraft beeinflusst nicht nur die Natur, sondern auch uns. Ist Ihnen schon einmal aufgefallen, dass Sie in Vollmondnächten besonders schlecht schlafen? Oder dass Ihre Menstruation genauso lange dauert wie der Mondzyklus? Die verschiedenen Mondphasen sind wichtige Orientierungspunkte für magische Praktiken und Rituale.

Magischer Tipp

Schreiben Sie Ihre Absichten für den kommenden Zyklus auf ein Vollmondmotiv. Schneiden Sie bei jedem Neumond ein neues Vollmondmotiv aus und wiederholen Sie den Vorgang.

WAS SIE BENÖTIGEN

◊ 1 Knäuel Garn
◊ 1 Ast oder Holzstab, ca. 80 cm lang
◊ Pauspapier
◊ 1 Schere
◊ Dickes Papier von mindestens 150 g/qm in der Farbe Ihrer Wahl
◊ 1 Cuttermesser
◊ 1 Locher

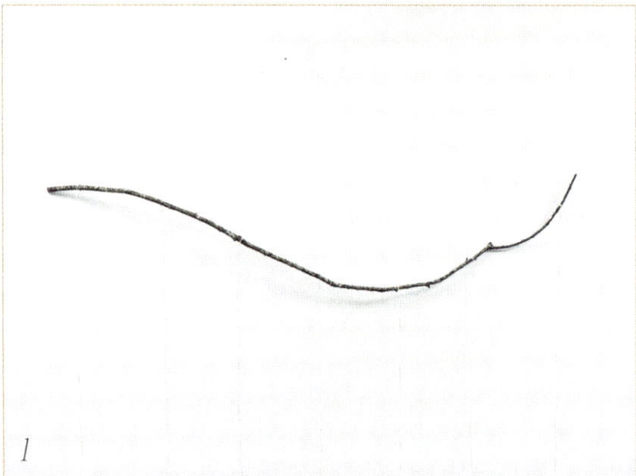

1

2

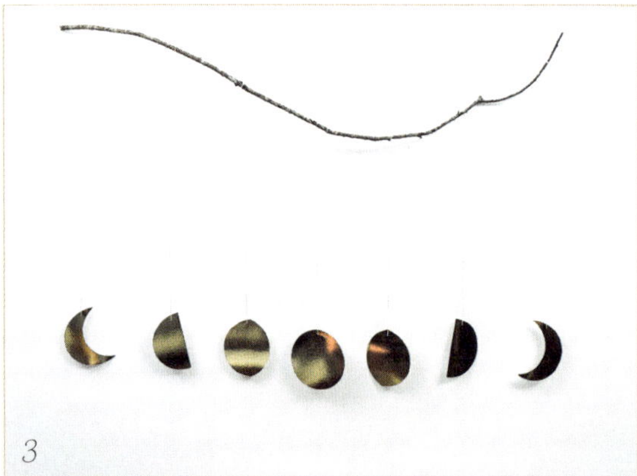

3

1. Schneiden Sie 100 cm Garn ab und verknoten Sie die Enden mit dem Holzstab, jeweils 5 cm von dessen Enden entfernt. Hängen Sie den Stab am Garn auf. Schneiden Sie dann 7 Fäden von je 30 cm Länge ab. Binden Sie sie in Abständen von 12 cm an den Stab.

2. Übertragen Sie die auf S. 142 abgebildeten Mondphasen auf Pauspapier. Schneiden Sie die Umrisse der Monde aus und übertragen Sie die erhaltenen Formen auf dickes Papier (1 Vollmond, 2 Sicheln, 2 Halbmonde und 2 Dreiviertelmonde).

3. Schneiden Sie die jeweiligen Mondphasen auf dickem Papier aus. Durchstoßen Sie den oberen Bereich vorsichtig für ein kleines Loch. Binden Sie einen Faden an jeden Mond. Der Vollmond befindet sich in der Mitte und zu seinen Seiten jeweils ein Dreiviertelmond, ein Halbmond und eine Mondsichel, wobei die Seiten mit den vollen Rundungen jeweils nach außen zeigen.

DER MONDZYKLUS

Die Mondphasen und die damit verbundenen Praktiken oder Handlungen:

● ***Neumond***
Reinigen Sie sich, legen Sie Ihre Absichten fest.

◑ ***Zunehmende Sichel***
Kümmern Sie sich um sich, glauben Sie.

◐ ***Zunehmender Halbmond***
Organisieren und handeln Sie.

◐ ***Zunehmender Dreiviertelmond***
Öffnen Sie sich für Ihre Umgebung, danken Sie ihr.

○ ***Vollmond***
Kommen Sie in die Handlung, setzen Sie Ihre Absichten um.

◑ ***Abnehmender Dreiviertelmond***
Bedanken Sie sich.

◑ ***Abnehmender Halbmond***
Schließen Sie Ihre Absichten und Ihre Handlungen ab.

◐ ***Abnehmende Sichel***
Sortieren und reinigen Sie Ihre Umgebung.

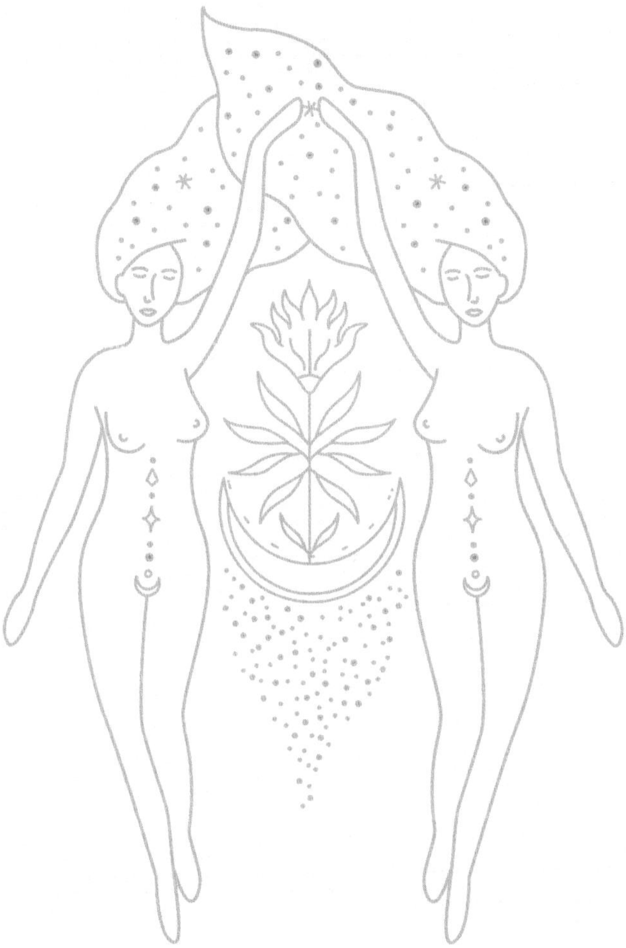

Magie zum Mitnehmen

In diesem Kapitel stellen wir Ihnen DIY-Gegenstände vor, mit denen Sie Ihre Magie überallhin mitnehmen können.

Wer einen stressigen Tag im Büro hat, zu viel Zeit in den öffentlichen Verkehrsmitteln verbringt oder einen geschichtsträchtigen Ort besucht, kann ein bisschen magische Unterstützung gebrauchen.

Da sich die Praxis der Magie nicht auf die eigenen vier Wände beschränkt, stellen wir Ihnen in diesem Kapitel DIY-Gegenstände vor, die Sie überallhin begleiten und an jedem Ort beschützen können.

Pflanzliches Amulett

Das pflanzliche Amulett ist ein kleines, mit getrockneten Pflanzen gefülltes Säckchen, das es Ihnen ermöglicht, die magische Wirkkraft Ihrer Pflanzen überallhin mitzunehmen.

Das Amulett kommt seit jeher und in allen Zivilisationen vor und ist ein wirkungsvolles Hilfsmittel zum Schutz der Person, die es trägt, oder des Raums, in dem es sich befindet. Es gibt verschiedene Arten von Schutzamuletten (Statuetten, Schmuck, Papier- oder Stoffstücke), doch es kann auch immateriell sein und durch ein Zeichen oder ein Wort symbolisiert werden. Das hier vorgestellte pflanzliche Amulett besteht aus Pflanzen, die aufgrund ihrer Wirkkraft ausgewählt wurden. Wegen der starken Reinigungsfunktion wird immer 1 Prise Salz hinzugefügt. Die Wirkkraft des Amuletts hängt von der Qualität der verwendeten Pflanzen und der Wirkmacht der hineingegebenen Absicht ab.

Magischer Tipp

Beim Auswählen der Pflanzen können Sie ein Pendel schwingen (siehe S. 112) oder Karten ziehen. Folgen Sie Ihrer Intuition, sie ist Ihre wichtigste Verbündete!

WAS SIE BENÖTIGEN

- getrocknete Pflanzen
- 1 kleines Leinen- oder Baumwollsäckchen, idealerweise 5 × 5 cm groß
- Salz
- Optional: ein kleiner Gegenstand oder ein Absichtswort, das Sie ins Amulett hineinlegen

WEITERE SCHRITTE

Ein Säckchen aus natürlichem Material wie Leinen oder Baumwolle hilft den Pflanzen, ihre Eigenschaften sanft und über einen längeren Zeitraum hinweg zu verbreiten. Sie können das Säckchen Ihres Amuletts gern selbst nähen, damit es noch wirkungsvoller wird.

1. Wählen Sie Ihre magischen Pflanzen anhand der Rezepttabelle (nebenstehender Kasten) oder der Liste der Wirkkräfte von Pflanzen (S. 134) aus.

2. Vermischen Sie Ihre Kräutermischung in einer Schüssel und verwenden Sie dabei 1 bis 3 Prisen jeder Zutat (je nach Größe des Säckchens). Geben Sie 1 Prise Salz hinzu.

3. Befüllen Sie das Säckchen mit der Kräutermischung und dem Salz. Legen Sie gegebenenfalls Ihr kleines Objekt und Ihr Absichtswort hinein.

4. Verschließen Sie das Säckchen mit ein paar Nähstichen oder einem Bändchen. Sprechen Sie die Absicht deutlich aus und beziehen Sie sich dabei auf die Schutzfunktion des Amuletts.

GEBRAUCHSANWEISUNG

Die Pflanzen des Amuletts sind so lange aktiv, wie sie duften. Wenn der Duft schwächer wird, reiben Sie das Säckchen zwischen Ihren Händen, um die Pflanzen zu reaktivieren.

Wenn Ihr Amulett feucht wird, legen Sie es sofort auf eine Wärmequelle.

REZEPTE FÜR PFLANZLICHE AMULETTE

✧ ***Schutz:***
Knoblauch (eine halbe getrocknete Zehe) · Zimt · Kiefer (Knospen oder Nadeln) · Oregano · Rose (Knospe oder Blütenblätter) · Rosmarin

✧ ***Liebe & Libido:***
Salbei · Lavendel · Rose (Knospe oder Blütenblätter)

✧ ***Selbstvertrauen:***
Lorbeer · Minze · Kiefer (Knospen oder Nadeln) · Pfeffer (Körner) · Muskatnuss (ganze Nuss)

✧ ***Anti-Stress:***
Sandelholz · Sternanis · Gewürznelke · Lavendel · Eukalyptus

✧ ***Schlaf:***
Lavendel · Römische Kamille · Eisenkraut · Rosmarin · Thymian

Magisches Fläschchen

Das magische Fläschchen ist ein ästhetischer, poetischer Gegenstand, der eine ewige Pflanze enthält. Sie können es als Deko verwenden oder als Anhänger um den Hals tragen.

Haben Sie sich auf den ersten Blick in die Schönheit und die wohltuenden Wirkungen einer kleinen Blume verliebt? Dank dieses DIY-Gegenstandes können Sie sie in ein kleines Fläschchen geben und ewig haltbar machen. Dieses minimalistische, zarte Objekt kann als Anhänger dienen, Ihr Haus dekorieren oder einen Platz auf Ihrem Schreibtisch einnehmen, damit Sie die Magie der Pflanzen immer in Ihrer Nähe haben.

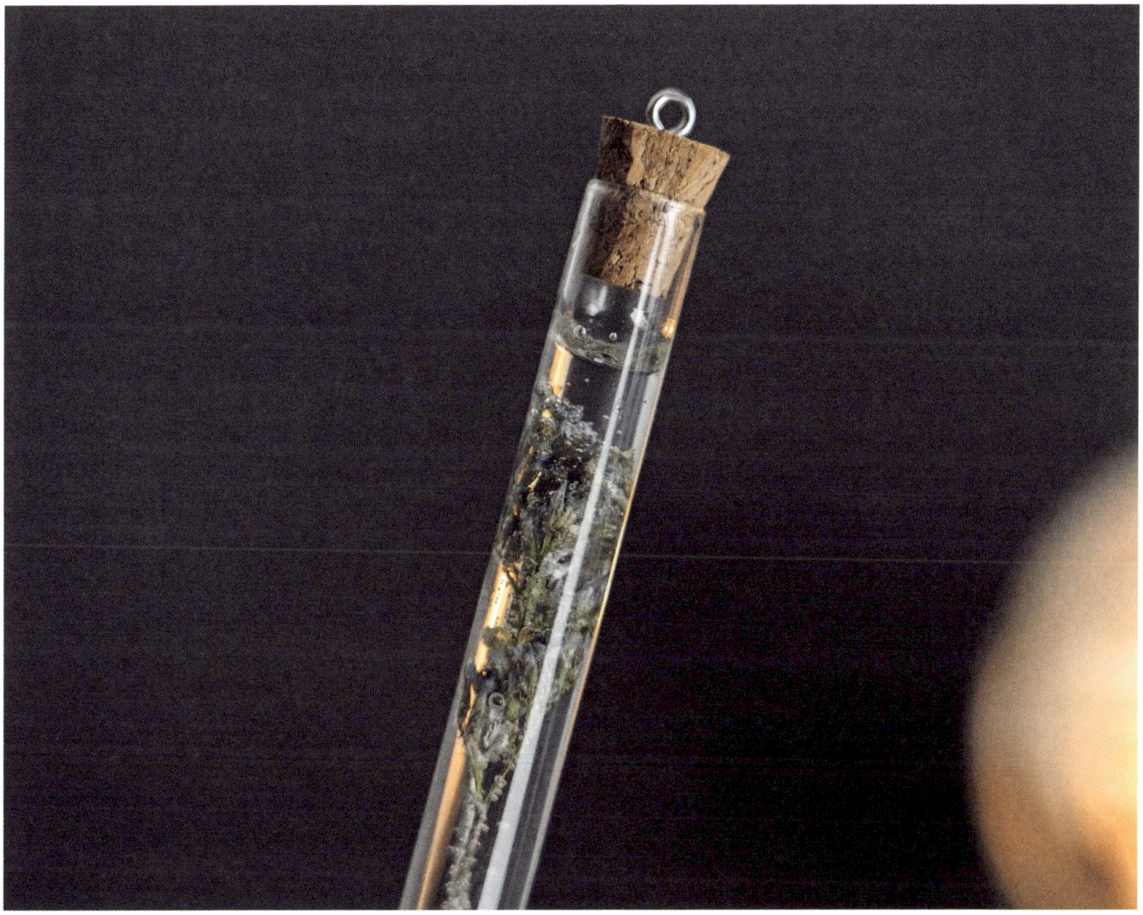

WAS SIE BENÖTIGEN

- 1 kleines Glasfläschchen mit einem Durchmesser von 1 bis 1,5 cm, einer Höhe von 2 bis 7 cm und einem Korkverschluss
- 1 kleiner Zweig einer frischen oder getrockneten Pflanze
- 1 Paar Handschuhe
- 1 Set nicht gefärbtes Resin-Epoxidharz für Bastelarbeiten, in 2 Behältern (Phase A und B)
- 1 Spritze
- 70-prozentiger Alkohol
- Starker Klebstoff
- 1 Ösenschraube mit einem Durchmesser von 4 mm (wenn Sie das Fläschchen als Anhänger tragen möchten)

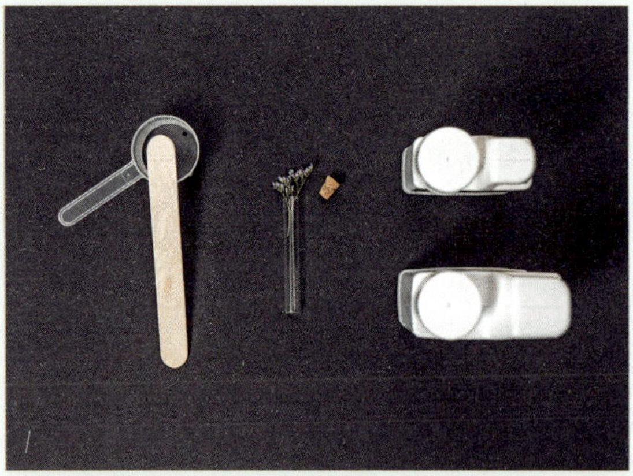

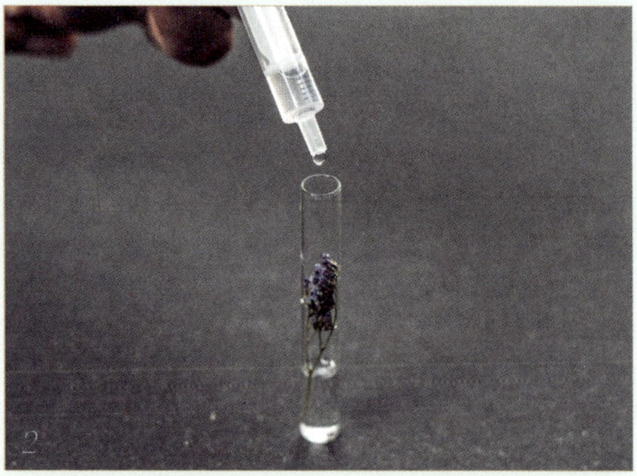

HINWEIS

Bei einer frischen Pflanze empfehlen wir, sie zu reinigen und sorgfältig abzutrocknen, bevor Sie sie ins Resin-Epoxidharz legen.

1. Legen Sie Ihre Pflanze in das saubere, trockene Fläschchen. Ziehen Sie Handschuhe an. Mischen Sie in einem kleinen Gefäß genau 1 Teil Resin-Epoxidharz der Phase B mit 2 Teilen der Phase A.
2. Geben Sie die Mischung mit der Spritze in das Fläschchen. Stellen Sie das Fläschchen 24 Stunden lang unverschlossen und in staubfreier Umgebung zum Trocknen auf. Reinigen Sie alle Ihre Utensilien gründlich mit 70-prozentigem Alkohol.
3. Nach Ablauf der 24 Stunden können Sie das Fläschchen mit dem Korken wieder verschließen. Tragen Sie dabei eine Messerspitze starken Klebers auf, um den Korken fest zu verschließen. Schrauben Sie die Ösenschraube auf den Korken.

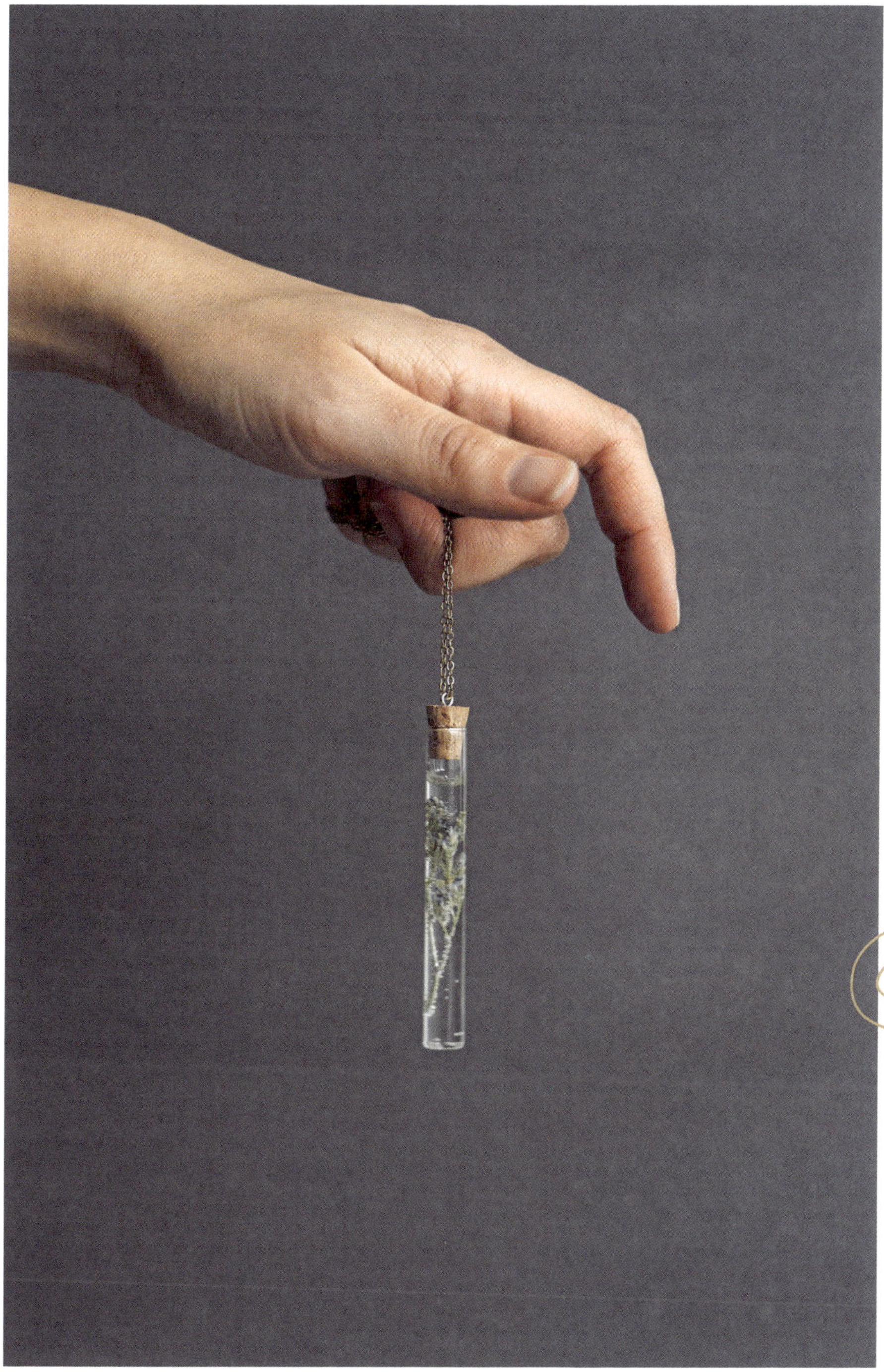

WEITERE SCHRITTE

Sie können auch eine kleine Silikonform nutzen. Lassen Sie den Inhalt ebenfalls 24 Stunden trocknen, bevor Sie ihn aus der Form nehmen. So erhalten Sie einen kleinen pflanzlichen Deko-Gegenstand.

Wunschbox

In die Wunschbox können Sie Absichten hineinlegen, die in Erfüllung gehen sollen.

Jede magische Handlung hat das Ziel, eine Absicht zu verwirklichen. Sei es bei der Herstellung eines Gegenstands, der Durchführung eines Rituals oder der Praxis der magischen Arbeit – der Zweck besteht darin, mit Hilfe der spirituellen Welt Energien zu bilden und zu beeinflussen, um sie auf eine bestimmte Absicht auszurichten. Mit Hilfe der Wunschbox können wir eine Absicht festlegen, die in Erfüllung gehen soll.

1

WAS SIE BENÖTIGEN

- 1 kleine Holz- oder Streichholzschachtel
- Acrylfarbe
- 1 Pinsel
- 1 kleines Blatt Papier oder Pergamentpapier (siehe S. 88)
- 1 Stift
- mehrere kleine Gegenstände Ihrer Wahl (siehe Kasten)

2

1. Malen Sie die Box mit einer oder mehreren Farben an, die für Sie eine Bedeutung haben (siehe »Die Bedeutung der Farben«, S. 138). Sie können auch magische Motive darauf zeichnen (siehe »Magische Zeichen und Symbole«, S. 140).

2. Schreiben Sie einen Wunsch oder eine Absicht auf das Papier oder Pergamentpapier. Legen Sie es in die Box, eventuell zusammen mit kleinen Gegenständen. Verschließen Sie die Schachtel und stellen Sie sie an einen dunklen Ort, bis der Wunsch in Erfüllung geht.

Magischer Tipp

Segensritual für die Wunschbox

Stellen Sie die Wunschbox nach dem Bemalen geöffnet vor sich hin. Stellen Sie um die Box herum ein Räucherstäbchen oder -bündel, eine Schale mit Wasser, eine Schale mit Salz und eine weiße Kerze auf. Reinigen Sie die Schachtel mit Rauch, beträufeln Sie sie mit ein paar Tropfen Wasser, streuen Sie Salzkörner auf den Boden der Schachtel und zünden Sie die Kerze an. Nach der Segnung bleibt Ihre Schachtel drei Monate lang oder bis zur Erfüllung von drei Wünschen energetisch aufgeladen. Wiederholen Sie das Ritual nach diesem Zeitraum, um die Box wiederzuverwenden.

Vertrauen
in mich

WEITERE SCHRITTE

Sie können kleine Elemente in die Schachtel hineinlegen, um Ihre Absicht zu verstärken.

Für jeden Wunsch
Eine Haarsträhne von Ihnen oder der Person, für die Sie den Wunsch hineingeben.

Liebe
Ein paar Rosenblätter.

Glück
Eine getrocknete Knoblauchzehe.

Heilung
Ein Zweig Thymian oder Rosmarin.

Geld
Eine Münze oder einen Geldschein.

Schutz
Eine Prise Salz.

Freundschaft
Ein Stück getrockneter Apfel.

Versöhnung
Ein weißes Band.

Fortschritt, die Vergangenheit hinter sich lassen
Ein wenig Erde.

Talisman

Der Talisman ist ein Begleiter, den wir in unsere Tasche stecken und überallhin mitnehmen können, damit er uns beruhigt, beschützt und hilft, die kleinen Hürden des Alltags zu meistern.

Der Talisman ist ein heiliges Objekt, das verschiedene Formen haben kann (Stein, Ring, Schmuck, Papier). Er wird für Schutz, Sicherheit, Glück und die Erfüllung von Wünschen eingesetzt und kann uns bei der Umsetzung unserer Aufgaben (Liebe, Glück, Selbstvertrauen) unterstützen. Er kommt in vielen Glaubensrichtungen vor. Zugleich dient er in allen Magieformen als wichtiger Verbündeter. Die Wirkkraft eines Talismans ist eng mit der Person verbunden, der er gehört, und wie alle magischen Gegenstände erhöht sich seine Wirkkraft, wenn er auch von der Person angefertigt wird, die ihn trägt. Für dieses DIY-Projekt schlagen wir vor, einen Talisman mit einem in der Natur gefundenen Stein herzustellen. Anschließend können Sie je nach Ihren Bedürfnissen eine Absicht oder einen Wunsch in den Talisman hineingeben.

WAS SIE BENÖTIGEN

- ◊ 1 kleiner, in der Natur gefundener Stein
- ◊ Acrylfarbe und 1 Pinsel oder 1 Farbstift

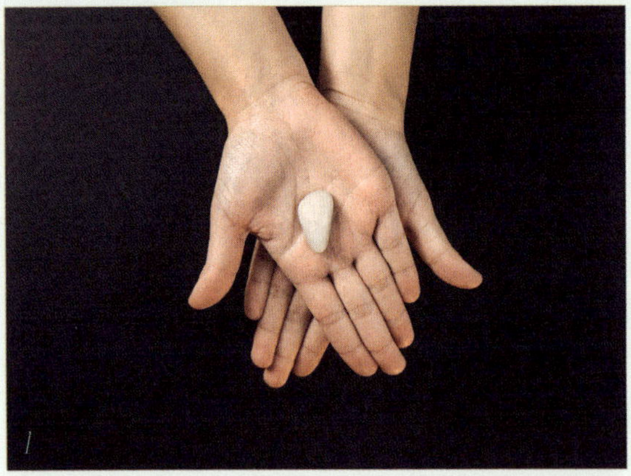

1. Gehen Sie in der Natur spazieren und konzentrieren Sie sich dabei auf den Stein, den Sie suchen, und die Absicht, die Sie hineingeben möchten. Vertrauen Sie auf das Schicksal und lassen Sie sich von Ihrer Intuition leiten, um den Stein zu finden, der zu Ihnen passt.
2. Schreiben oder malen Sie ein Wort, einen Satz, ein magisches Zeichen oder ein persönliches Muster darauf, das mit der Absicht verbunden ist, die Sie hineingeben möchten (siehe »Magische Zeichen und Symbole«, S. 140).

Magischer Tipp

Die Wirkkraft der Absicht

Jeder magische Gegenstand braucht eine Absicht. Ein Objekt kann mit noch so guten Materialien hergestellt werden – wenn während der Verwendung oder der Herstellung keine Absicht hineingegeben wird, bleibt es nutzlos. Um eine Absicht hineinzugeben, reicht es aus, wenn Sie laut oder im Stillen den Nutzen formulieren, den der Gegenstand haben soll. Zum Beispiel: »Danke, dass du mir hilfst, mich vor schlechten Energien zu schützen« oder »Danke, dass du mir hilfst, voller Selbstvertrauen in dieses wichtige Gespräch zu gehen«.

WEITERE SCHRITTE

Die Lithotherapie

Aufgrund ihrer energetischen Kräfte sind zahlreiche Kristalle wie Quarz, Rosenquarz, Amethyst oder Labradorit – um nur einige zu nennen – sehr wirkmächtige Talismane. Allerdings hat der enorme Erfolg dieser Kristalle in den letzten Jahren wichtige menschliche und ökologische Fragen aufgeworfen. In Geschäften lässt sich nur schwer nachvollziehen, woher diese Steine stammen und unter welchen Bedingungen sie abgebaut wurden. Viele Regionen sind jedoch reich an magischen Mineralien wie Amethyst, Fluorit, Quarz oder Sandrose. Informieren Sie sich über die Orte, an denen sie vorkommen, und gehen Sie sie am Rand von Felswänden sammeln. Vermeiden Sie es jedoch, in empfindlichen Naturräumen und Naturschutzgebieten zu suchen. Alternativ können Sie sich auch direkt an Steinbrüche oder Tagebaue in Ihrer Region wenden.

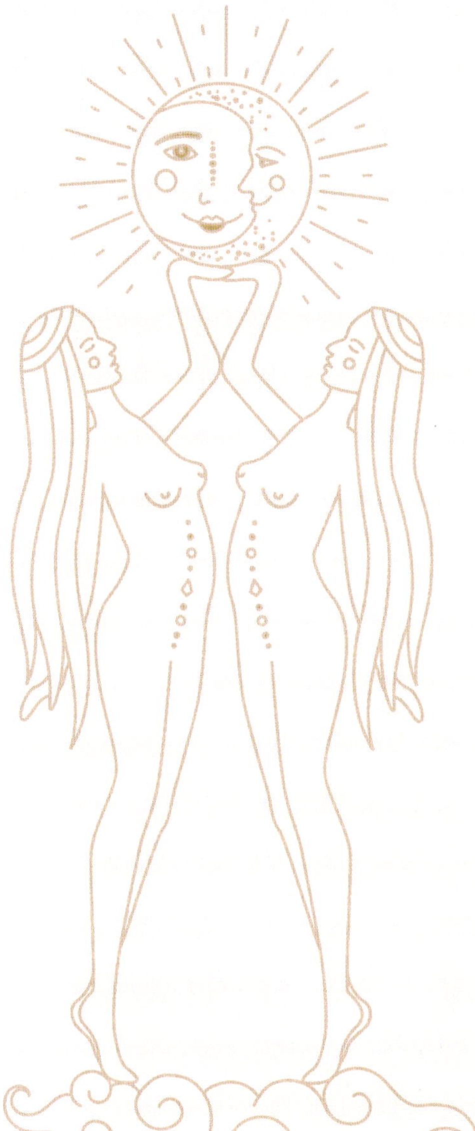

Rituelle Gegenstände

In diesem Kapitel finden Sie DIY-Anleitungen zur Herstellung wichtiger ritueller Gegenstände, die Sie zum Praktizieren Ihrer Magie benötigen.

Während Ihrer magischen Arbeit sollten Sie verschiedene rituelle Gegenstände verwenden, um die Wirkung Ihrer Praxis zu verstärken. Vom Zauberstab bis zum Buch der Schatten – jedes verwendete Hilfsmittel ist eine Erweiterung Ihrer selbst.

Die meisten dieser Gegenstände sind im Handel erhältlich, besonders in Esoterikläden, doch ihre Wirkkraft ist viel größer, wenn sie mit Materialien hergestellt werden, die bewusst von der Person, die sie besitzt, ausgewählt wurden.

Für eine bessere Wirkkraft sollte jeder Gegenstand, der bei Ihren Ritualen und Ihrer magischen Arbeit zum Einsatz kommt, ausschließlich für diesen Zweck verwendet werden.

Pentakel

Das Pentakel ist eins der beliebtesten magischen Amulette. Es kann als Anhänger um den Hals getragen, auf einen Kessel graviert oder auf eine Platte gezeichnet werden und stellt ein unverzichtbares Hilfsmittel für Hexende dar.

Das am weitesten verbreitete Pentakel enthält das Symbol eines Pentagramms, eines fünfzackigen Sterns in einem Kreis. Dieses Hilfsmittel wird seit Jahrtausenden in verschiedenen Magieformen verwendet. In der Wicca-Magie steht jeder Zacken für ein Element. Dabei ergibt sich von, oben ausgehend im Uhrzeigersinn, folgende Reihenfolge: Geist, Wasser, Feuer, Erde und Luft. Das bei diesem DIY-Projekt hergestellte Pentakel soll Ihnen bei Ihren Ritualen zur Segnung von Gegenständen und als Schutzgegenstand für Ihr Zuhause dienen.

Magischer Tipp

Ein Gegenstand mit mehreren Verwendungszwecken

Segnung
Das Pentakel dient zur Segnung bei Ritualen. Dabei legt man die Gegenstände, die gesegnet werden sollen, auf die Mitte des Pentakels (Steine, Pflanzen, Amulette oder Schmuck).

Schutz
Über einem Altar, einem Fenster oder einer Tür aufgehängt, dient es dazu, den Ort vor schlechten Energien zu schützen.

HINWEIS

Bei Ihren Ritualen können Sie statt des magischen Kreises auch ein Pentakel auf den Boden zeichnen. Es bietet Schutz und die Möglichkeit, die Energie bei der Praxis zu kanalisieren. Es sollte recht groß sein, damit Sie darin sitzen können. Zum Zeichnen können Sie magisches Salz (siehe S. 84) oder Kreppband verwenden. Die Kerzen, die auf die Spitze jedes Zackens gestellt werden, vergrößern seine Wirkkraft.

WAS SIE BENÖTIGEN

- ◊ 1 Eisen- oder Holzring mit einem Durchmesser von ca. 20 cm
- ◊ 1 weißes Wollknäuel
- ◊ Starker Klebstoff
- ◊ 5 Zweige, 25 cm lang und ca. 5 mm breit

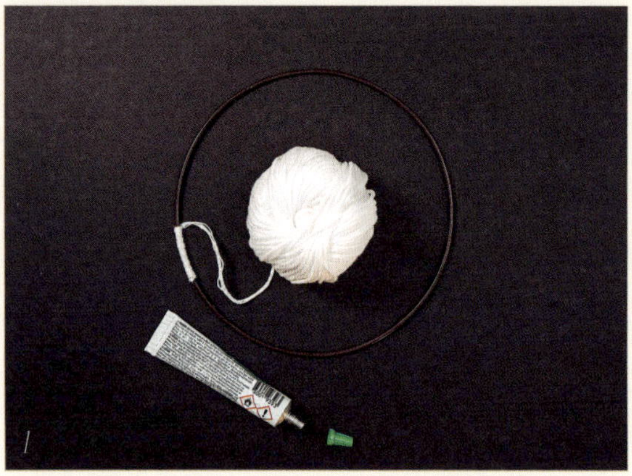

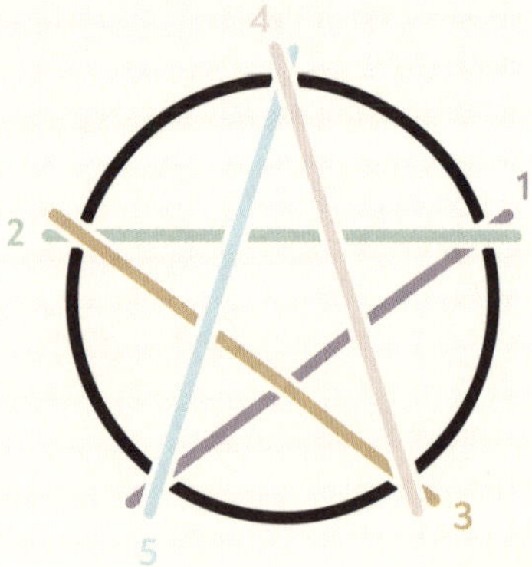

1. Wickeln Sie die weiße Wolle um den Ring, bis er vollständig bedeckt ist. Befestigen Sie die Wolle an mehreren Stellen mit Klebepunkten.
2. Legen Sie die Zweige, wie im obigen Schaubild dargestellt, auf den Ring.
3. Binden Sie die Zweige und den Ring an jeder Verbindungsstelle zusammen, indem Sie diese mehrmals mit Wollgarn umwickeln und dieses verknoten.

Tipp: Sie können den Kreis auch mit Draht herstellen.

Zauberstab

Als unverzichtbarer und treuer magischer Begleiter ist der Zauberstab ein wirkmächtiges Hilfsmittel, um Energien zu kanalisieren und zu verbreiten.

Der Zauberstab wird seit Jahrtausenden bei magischen und religiösen Riten als Anrufungsinstrument verwendet und hat zahlreiche Funktionen. Er ist ein wirkmächtiger Kanal, der die Energie auf einen präzisen Punkt hin lenkt. Außerdem dient er zum Zeichnen von Symbolen oder Kreisen auf den Boden. Wenn man ihn auf der Handfläche oder dem Arm balanciert, zeigt er in die Richtung einer Gefahr.

Doch vor allem ist Ihr Zauberstab eine Erweiterung Ihrer selbst – ein mächtiges Werkzeug, um Ihre Gedanken zum Leben zu erwecken. Zögern Sie nicht, sich einen Zauberstab zuzulegen und ihn bei ihren magischen Ritualen nach Belieben zu verwenden. Er wird Ihr treuester Verbündeter sein, wenn es darum geht, Ihre Magie zu kanalisieren und zu verbreiten.

Magischer Tipp

Wählen Sie das Holz Ihres Zauberstabs am besten entsprechend seines magischen Nutzens aus.

Da jeder Baum unterschiedliche Eigenschaften hat, sollten Sie das Holz Ihres Zauberstabs je nach gewünschter Verwendungsart aussuchen. Sie können natürlich auch mehrere Zauberstäbe besitzen.

Birke	→	Heilung und weiße Magie
Eiche	→	Druidische und Sonnenmagie
Weide	→	Mond
Ahorn	→	Liebe
Pappel	→	Glück und Wohlstand
Ulme	→	Schutz
Haselnussstrauch	→	Weiße Magie

WAS SIE BENÖTIGEN

- 1 Holzstab, ca. 20 cm lang
- Acrylfarbe Ihrer Wahl
- 1 Pinsel
- 1 Tube Flüssigkleber
- Wollfäden in den Farben Ihrer Wahl
- 1 Farbmarker in der Farbe Ihrer Wahl

1

2

3

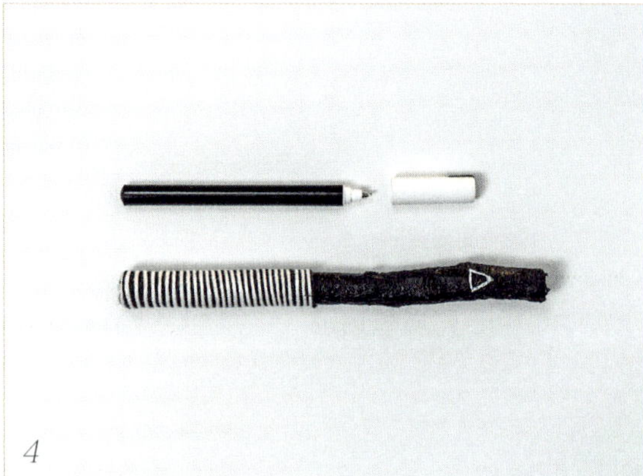

4

1. Bemalen Sie den gesamten Stab (zur Auswahl der Farbe siehe S. 138). Warten Sie, bis die Farbe getrocknet ist.
2. Bestimmen Sie das obere und das untere Ende Ihres Zauberstabs. Fixieren Sie einen Klebepunkt auf dem unteren Ende und legen Sie das eine Ende des Wollfadens darauf.
3. Wickeln Sie die Wolle spiralförmig um den Stab. Fixieren Sie den Faden regelmäßig mit Klebepunkten. Hören Sie auf, wenn der umwickelte Teil so breit wie Ihre Hand ist.
4. Zeichnen Sie mit dem Farbmarker auf den oberen, nicht mit Wolle umwickelten Teil das magische Symbol oder die magischen Symbole Ihrer Wahl (siehe »Liste der magischen Zeichen und Symbole«, S. 140).

Magischer Tipp

Wie wählt man seinen Zauberstab aus?

Es heißt oft, dass nicht wir unseren Zauberstab auswählen, sondern er uns. Also vertrauen wir bei der Suche nach dem passenden Zauberstab am besten auf das Schicksal. Gehen Sie im Wald spazieren und sammeln Sie den ersten geraden Ast auf, der Sie anzieht. Zur Not reicht auch ein Holzstab aus dem Baumarkt. Auch hier sollten Sie beim Auswählen auf Ihre Intuition vertrauen.

WEITERE SCHRITTE

Sie können Ihren Zauberstab nach Lust und Laune mit weiteren Elementen verzieren. Zum Beispiel können Sie die Spitze mit einer Feder oder einem Stein versehen.

Räucherbündel

Das Räucherbündel ist eins der einfachsten, am weitesten verbreiteten und wirkungsvollsten Hilfsmittel zur Reinigung eines Zimmers, einer Person oder eines Gegenstandes.

Die Praxis des Räucherns kommt in zahlreichen Zivilisationen und Religionen vor. Räucherungen wurden auch lange in der Medizin angewandt, um die Räume zu reinigen, in denen sich Kranke aufhielten. Zum Räuchern können verschiedene Inhaltsstoffe verwendet werden: Weihrauch, Harze und getrocknete Pflanzen. Räucherbündel sind derzeit besonders gefragt, was nicht zuletzt am großen Erfolg von Bündeln aus weißem Salbei liegt, die auf die Traditionen amerikanischer Ureinwohner:innen zurückgehen. Weißer Salbei ist eine der wirkungsvollsten Pflanzen zum Reinigen und Säubern, allerdings wächst er in Mitteleuropa nicht so gut. Man kann ihn in Esoterikgeschäften finden, doch sein Erfolg hat zu Produktionsproblemen geführt. Dabei ist Mitteleuropa reich an magischen Pflanzen, die in unseren Gärten gedeihen und weißen Salbei weitgehend ersetzen können. Im Folgenden stellen wir Ihnen Rezepte vor, bei denen Sie mitteleuropäische und leicht auffindbare Pflanzen verwenden können.

Magischer Tipp

Wie sollte man das Räucherbündel verwenden?

- Zünden Sie das Bündel an einem Ende an und schwenken Sie es hin und her, um sogleich die Flamme zu löschen.
- Zur Reinigung eines Ortes drehen Sie eine Runde gegen den Uhrzeigersinn durch jedes Zimmer. Achten Sie dabei auf die Ecken.
- Zur Reinigung eines Gegenstandes oder einer Person sollte der Rauch von unten nach oben und von vorne nach hinten strömen.
- Sie können das Bündel in Sand löschen oder in einem feuerfesten Gefäß wie einer Schale oder einem Kessel ausgehen lassen.
- Bedanken Sie sich am Ende des Rituals bei dem Ort, dem Menschen oder dem Gegenstand, den Sie gereinigt haben, sowie bei Ihrem Räucherbündel.

GEBRAUCHSANWEISUNG

Von der Verwendung von Räucherbündeln in Anwesenheit von Kindern, Schwangeren und Personen mit Atemwegsbeschwerden wird abgeraten.

1

2

3

4

WAS SIE BENÖTIGEN

◊ 150 g frische Pflanzen in Bündeln (10 bis 20 cm lang)
◊ Baumwoll- oder Hanfgarn, 1 m lang
◊ 1 Schere
◊ 1 Gartenschere

1. Stellen Sie ein ca. 15 cm langes Bündel aus Ihrer Auswahl an frischen Pflanzen her (diese dürfen nicht feucht sein).
2. Verknoten Sie den Faden am unteren Ende des Bündels. Wickeln Sie den Faden dann fest um das gesamte Bündel.
3. Lassen Sie Ihr Räucherbündel 2 Wochen lang kopfüber an einem trockenen, luftigen Ort trocknen.
4. Wenn die Pflanzen vollständig getrocknet sind, knoten Sie den (lose gewordenen) Faden auf. Binden Sie ihn dann wieder fest um das Bündel. Schneiden Sie den überschüssigen Faden ab. Schneiden Sie mit einer Gartenschere die beiden Enden des Bündels ab, damit die Pflanzen gleich lang sind.

REZEPTE

✧ *Reinigung und Schutz*

- 50 g frischer Echter Salbei
- 50 g frischer Rosmarin
- 50 g frischer Thymian

✧ *Reinigung und Selbstvertrauen*

- 50 g frischer Lorbeer
- 50 g frische Minze
- 50 g frischer Thymian

✧ *Reinigung und Meditation*

- 75 g frisches Eisenkraut
- 75 g frischer Rosmarin
- mehrere Blüten Römische Kamille

✧ *Reinigung und Liebe*

- 50 g frischer Echter Salbei
- 50 g frischer Rosmarin
- 50 g frischer Thymian
- mehrere Blütenblätter, Blüten oder Knospen von Rosen

Natürlich können Sie auch Ihre eigenen Rezepte entsprechend Ihrer Bedürfnisse erstellen (siehe »Liste der magischen Wirkkräfte von Pflanzen«, S. 134). Einige Pflanzen können giftig sein, wenn sie zum Räuchern verwendet werden. Informieren Sie sich, bevor Sie Ihr Räucherbündel herstellen.

Magisches Salz

Salz ist eines der wirkmächtigsten Hilfsmittel in Bezug auf Reinigung und Schutz. Pur oder mit anderen Zutaten vermischt, wird es seit jeher für magisches Arbeiten verwendet.

Hinweise auf die Verwendung von Salz finden sich in vielen Quellen, darunter der Bibel, dem Neuen Testament, den Upanischaden (aus der hinduistischen Religion) oder Homers *Ilias* und *Odyssee*. Salz war bei den Römern ein Symbol für Weisheit; in vielen Traditionen weltweit geht man davon aus, dass es vor schlechten Energien schützt. Es wird pur verwendet oder mit Pflanzen vermischt, um seine Wirkung zu verstärken und gezielter einzusetzen. Zudem gehört es zu den zugänglichsten und wirkungsvollsten magischen Hilfsmitteln.

REZEPTE

✧ *Schwarzes Salz*

- 3 Teelöffel gemahlener schwarzer Pfeffer
- 1 Teelöffel Pflanzenkohle
- 4 Esslöffel Pflanzen- oder Räucherasche (von abgebrannten Räucherstäbchen oder -bündeln)

✧ *Grünes Salz*

- 2 Esslöffel getrocknetes Basilikum
- 2 Esslöffel getrockneter Rosmarin
- 2 Esslöffel getrockneter Salbei
- 1 Teelöffel grünes Oxid

✧ *Rotes Salz*

- mehrere getrocknete Rosenblütenblätter
- 2 Esslöffel Cayennepfeffer
- 2 Esslöffel Paprikapulver
- 1 Teelöffel rotes Oxid

WAS SIE BENÖTIGEN

- 1 Mörser und 1 Stößel
- Mehrere Zutaten je nach Salzart (siehe Rezepte im Kasten)
- 10 Esslöffel grobes Salz
- 1 geschlossener Behälter (groß wie ein Einmachglas, aber gerne mit Korkverschluss)

Je natürlicher das verwendete Salz, desto wirkungsvoller ist es. Verwenden Sie statt raffiniertem weißem Salz lieber nicht behandeltes Salz wie graues oder naturbelassenes Meersalz.

1

1. Geben Sie das Salz und die Zutaten in den Mörser. Zerstoßen Sie alles mit dem Stößel, bis die Mischung eine einheitliche Farbe erhält.

2. Füllen Sie die Mischung in ein mit einem Korken verschlossenes Gefäß und bewahren Sie es an einem trockenen Ort auf.

2

VERWENDUNGSARTEN

✧ *Schwarzes Salz*

Schwarzes Salz wird für Verbannung, Schutz oder die Abwehr eines Fluchs verwendet.

- Schwarzes Salz kann dazu dienen, einen Schutzkreis während eines magischen Rituals zu ziehen.
- Sie können es auch vor Fenster und Türen in einer Linie ausstreuen, um den Ort vor energetischen Angriffen von außen zu schützen.
- Ein Fläschchen mit mehreren Prisen schwarzem Salz kann als Schutzamulett dienen.

Wussten Sie schon? In der Voodoo-Praxis wird schwarzes Salz verwendet, um bösen Flüchen entgegenzuwirken.

✧ *Grünes Salz*

Dieses magische Salz bringt Ihnen Wohlstand. Es kann Sie im Alltag begleiten und für magische Rituale verwendet werden, die mit Wohlstand und Fülle zusammenhängen.

- Mit grünem Salz kann man bei einem magischen Ritual, das mit Wohlstand in Verbindung steht, einen Schutzkreis zeichnen.
- Sie können grünes Salz für ein Amulett verwenden: Geben Sie mehrere Gramm davon in ein gefaltetes Blatt Papier, verschließen Sie es mit Klebeband und schreiben Sie den Wunsch darauf, der in Erfüllung gehen soll. Legen Sie das Amulett in Ihre Brieftasche.
- Um einer ganzen Familie oder den Bewohner:innen eines Ortes Wohlstand zu bringen, geben Sie das Salz in ein Glas und stellen Sie es im Haus auf.

✧ *Rotes Salz*

Rotes Salz wird für Bitten verwendet, die mit Liebe, Gefühlen und Selbstvertrauen in Verbindung stehen.

- Mit rotem Salz kann man bei magischen Ritualen, die mit Liebe zusammenhängen, einen Schutzkreis zeichnen.
- Um den Zusammenhalt und das Wohlbefinden in einem Haus zu stärken, können Sie das Salz in ein Glas geben und es im Haus aufstellen.
- Ein Fläschchen mit mehreren Prisen rotem Salz dient als Liebesamulett.

Pergamentpapier

Pergamentpapier ist ein ideales Material, um bei Ihren Ritualen und Ihrer magischen Praxis Ihre Formeln, Absichten und Bitten aufzuschreiben.

Im Mittelalter wurde in Europa Papyrus durch Pergament ersetzt. Letzteres wurde ursprünglich aus Tierhaut hergestellt, doch im Laufe der Zeit setzte sich die pflanzliche Alternative von Pergament durch. In diesem DIY-Projekt schlagen wir Ihnen vor, Ihr Pergament aus recyceltem Papier herzustellen. Wenn Sie das Pergamentpapier selbst und bewusst herstellen, geht von den darauf geschriebenen Worten eine stärkere Wirkung aus. Es eignet sich vor allem für Anlässe wie das Ostara- und das Litha-Fest und kann sowohl bei der Herstellung von Talismanen oder Amuletten als auch bei der Verwendung Ihrer Wunschbox nützlich sein.

Magischer Tipp

Samen auf Papier

Wie im Rezept beschrieben, kann bei der Herstellung von Pergamentpapier Saatgut verwendet werden. Wenn Sie Samen auf Papier streuen und Letzteres etwa 4 cm unter der Erde vergraben, werden die Saatkörner keimen und sich zu Pflanzen entwickeln. Denken Sie daran, sie zu gießen, damit sich die Magie entfalten kann. Dieses Vorgehen ist besonders beim Ritual des Ostara-Fests sinnvoll (siehe S. 132).

WEITERE SCHRITTE

Magische Tinte

Mit Zitronensaft oder weißem Essig können Sie unsichtbare Nachrichten schreiben. Verwenden Sie hierfür einen feinen Pinsel, tauchen Sie ihn in die Flüssigkeit und schreiben Sie Ihren Text. Er wird sichtbar, wenn Sie die Unterseite Ihres Papiers über einer Flamme hin und her bewegen.

WAS SIE BENÖTIGEN

- In kleine Stücke geschnittenes Recyclingpapier (Eierkarton, Zeitungspapier, Schmierpapier …)
- 1 Stabmixer oder Mixer
- 1 Wanne (deren Größe zu Ihrem Sieb passt)
- 1 Papier-Schöpfsieb von der Größe Ihrer Wahl
- 1 Schwamm
- 2 saugfähige Tücher pro hergestelltem Blatt (die etwas größer als das Sieb sind)
- 1 Teigrolle
- 1 Bügeleisen
- 1 Tablett

Optional: pflanzliche Zusätze (Blütenblätter, Blätter oder Samen)

1

2

3

4

1. Legen Sie das Papier etwa 10 Minuten lang in ein Gefäß mit sehr heißem Wasser. Mixen Sie es mit dem Mixer zu einer dicken Paste.
2. Geben Sie den Papierbrei in eine mit Wasser gefüllte Wanne. Tauchen Sie das Schöpfsieb in das Gefäß und schöpfen Sie eine dünne Schicht der Papiermischung ab. Lassen Sie sie abtropfen. Sie können pflanzliche Zusätze hinzugeben.
3. Um möglichst viel Wasser aus dem Papierbrei zu entfernen, tupfen Sie mit einem Schwamm vorsichtig die Unterseite des Siebs und dann die Oberfläche des Papierbreis ab.
4. Lösen Sie mit einer Messerspitze vorsichtig die Ränder des Papierbreis. Drehen Sie das Sieb um und legen Sie das Blatt Papier auf ein saugfähiges Tuch.
5. Rollen Sie das Papier mit einer Teigrolle flach. Bedecken Sie es dann mit einem saugfähigen Tuch. Fahren Sie leicht mit dem Bügeleisen darüber.
6. Legen Sie die Blätter zwischen zwei saugfähige Tücher auf ein Tablett. Stellen Sie das Tablett mehrere Stunden lang auf eine Wärmequelle oder ins Sonnenlicht. Ihr Pergamentpapier ist fertig, wenn es getrocknet ist.

Blumenkranz

Der Blumenkranz ist seit mehreren Jahren sehr angesagt und ein symbolträchtiges Accessoire bei Festen und magischen Ritualen.

Sei es zur Ehrung von Gottheiten und Elementen, als Dekoration bei Ehrungen oder Eheschließungen oder als Willkommensgeschenk – der Blumenkranz hat in vielen Zivilisationen einen hohen symbolischen Stellenwert. Eine besonders wichtige Bedeutung kommt ihm bei heidnischen Festen zu, die den Kreislauf der Natur und des Lebens feiern (siehe S. 130). Es steht Ihnen frei, ob Sie einen haltbaren Kranz aus getrockneten Blumen und Blättern oder einen vergänglichen aus frischen Pflanzen herstellen möchten.

WAS SIE BENÖTIGEN

- Draht
- 1 Pinzette
- Blumenklebeband
- 1 Strauß frische oder getrocknete Blumen und Blätter
- Band
- 1 Schere

Magischer Tipp

Welche Trockenpflanzen eignen sich für haltbare Kränze?

- Distel
- Eukalyptus
- Gipskräuter
- Hortensie
- Lavendel
- Pfingstrose
- Rose
- Schafgarbe
- Strandflieder
- Trommelstöckchen
- Weizen

SYMBOLIK DER PFLANZEN

✧ ***Fülle:***
Weizen, Lilie

✧ ***Freundschaft:***
Geißblatt, weiße Nelke

✧ ***Liebe:***
Weiße Kamelie, Geißblatt, Fuchsie, Hyazinthe, Flieder, weiße und rote Rose, Tulpe, Sonnenblume

✧ ***Hoffnung:***
Rotes und gelbes Windröschen, Weißdorn

✧ ***Treue:***
Goldlack, Efeu, Sonnenblume, Ehrenpreis

✧ ***Freude:***
Azaleen, Hahnenfuß, Krokusse, Hyazinthe

✧ ***Schutz, Stärke und Kraft:***
Heidekraut, blaue Distel, Gladiolen

✧ ***Anerkennung:***
Dahlie, Hortensie

✧ ***Zärtlichkeit:***
Blauregen, Schwertlilien, Lavendel

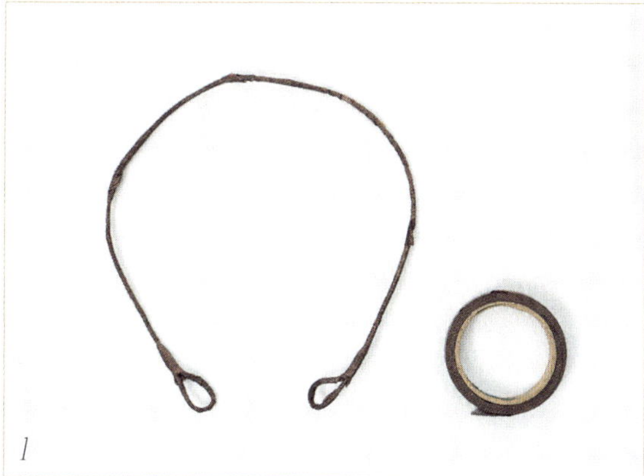
1

2

3

4

1. Schneiden Sie den Draht auf die gewünschte Größe des Kranzes zu. Wickeln Sie das Blumenklebeband um den Draht herum, bis er vollständig bedeckt ist. Bilden Sie zwei Schlaufen an den Enden und sichern Sie diese mit Klebeband.

2. Schneiden Sie kleine Blumen- und Laubstiele ab. Binden Sie kleine Sträuße mit Hilfe des Klebebands. Die Anzahl dieser Sträuße hängt von der Größe Ihres Kranzes und der Dichte Ihrer Pflanzen ab.

3. Binden Sie einen Strauß mit dem Klebeband an ein Ende des Kranzes, sodass die Blüten und Blätter nach außen und die Stiele nach innen zeigen. Bringen Sie den nächsten Strauß an, indem Sie seine Blüten und Blätter über die Stiele des ersten Straußes legen, und so weiter.

4. Wenn der Kranz mit Sträußen bedeckt ist, binden Sie Bänder durch die Schlaufen an den Enden und knoten Sie diese fest. Die Länge der Bänder richtet sich nach der Größe des Kranzes und Ihren Wünschen hinsichtlich der Passform.

Magischer Besen

Der Besen ist seit jeher ein enger Verbündeter von Hexen und ein Symbol für Säuberung und Reinigung.

In der populären Folklore gehört das Bild der bei Vollmond auf ihrem Besen durch die Luft fliegenden Hexe zu den am weitesten verbreiteten Hexendarstellungen. Bei diesem DIY-Projekt sollen Sie jedoch keinen Besen herstellen, um Ihre nächste Quidditch-Partie auszutragen. Vielmehr möchten wir Ihnen ans Herz legen, einen *besom* (engl.; Reisigbesen) herzustellen – ein wichtiges Hilfsmittel, das vor der magischen Arbeit oder einem Ritual zur Säuberung des Zimmers dient. Mit Ihrem Besen können Sie einen Raum reinigen und schützen, da er schlechte Energien vertreibt.

WOZU DIENT EIN MAGISCHER BESEN?

✧ *Zur Säuberung ritueller Orte*

Säubern Sie das Zimmer mit Ihrem Besen, bevor Sie die für ein Ritual benötigten Elemente aufstellen. So können Sie den Ort reinigen und schützen.

✧ *Zum Schutz Ihres Zuhauses*

Stellen Sie den Besen auf die Schwelle Ihrer Eingangstür, an Ihr Bett, an die Türen oder in die Nähe der Fenster.

Achtung: Ein als magisches Hilfsmittel verwendeter Besen darf nur zu diesem Zweck benutzt werden.

WAS SIE BENÖTIGEN

- 1 fester Ast, mindestens 1 m lang
- 1 Nagel
- 1 Hammer
- Eine dicke Schnur
- Mehrere Zweige oder Reisig (Birke, Weide, Ginster ...)

1

2

1. Schlagen Sie einen Nagel in den zukünftigen Besenstiel, 15 cm von der Unterseite entfernt. Knoten Sie eine Schnur um den Nagel und lassen Sie 20 cm von der Schnur übrig, um sie später zu verknoten.
2. Legen Sie die Zweige um den Holzstiel herum. Umwickeln Sie sie mehrmals mit der Schnur, um sie festzubinden. Verknoten Sie dann die beiden Schnurenden.

WEITERE SCHRITTE

Taschenbesen
Nach derselben Methode kann man einen Taschenbesen herstellen, dessen Unterseite aus Kiefernnadeln besteht und der zur Säuberung kleiner Flächen dient.

Magischer Tipp

Reiben Sie Ihren Besen vor Ihren Ritualen mit Kamille, Zitronengras oder Holunder ein, um die Wirkkraft zu erhöhen.

Dagyde

Magische Puppen aus Wachs, Baumwolle oder Wolle, auch Dagyden genannt, haben in der kollektiven Vorstellung einen schlechten Ruf. Viele wissen nicht, dass diese menschlichen Repräsentationen auf sehr positive Weise genutzt werden können.

Die bekannteste Magieform mit Dagyden wird in der Voodoo-Tradition praktiziert. Magische Puppen kommen jedoch auch in der westlichen Hexenkunst zum Einsatz. Sie können zwar dafür verwendet werden, jemanden mit einem Fluch zu belegen, doch sie dienen auch zum Schutz sowie zur Heilung und Segnung. Da sie eine bestimme Person repräsentieren, kann die magische Arbeit besser auf diese Person ausgerichtet und kanalisiert werden.

VERWENDUNG

Bei Ritualen oder magischen Arbeiten, die auf eine bestimmte Person abzielen, legen Sie die entsprechende Dagyde in Ihren Arbeitsbereich. So wird die Verbindung zu dieser Person gestärkt. Die Dagyde kann bei Ritualen verwendet werden, die mit Schutz, Heilung, Liebe und Wohlstand zusammenhängen.

Magischer Tipp

Sobald Ihre Arbeit mit der von der Dagyde dargestellten Person beendet ist, sollten Sie die Wollknoten lösen und die Puppe auseinandernehmen. Bedanken Sie sich zudem bei der Puppe für ihre Hilfe. Alternativ können Sie sie der Person schenken, die sie symbolisiert.

Achtung

Wenn Sie eine Puppe anfertigen, die eine Person darstellen soll, holen Sie sich unbedingt das Einverständnis der Person ein.

WAS SIE BENÖTIGEN

- ◊ 1 Wollknäuel in der Farbe Ihrer Wahl (siehe »Die Bedeutung der Farben«, S. 138)
- ◊ 1 Stück Karton, 15 × 10 cm
- ◊ 1 Schere

Je nach Ihren Bedürfnissen und Wünschen können Sie mehrere Farben verwenden.

1

2

3

4

5

6

1. Stellen Sie zuerst den Körper her: Wickeln Sie die Wolle mehrmals um die hohe Seite des Kartons, bis eine feste Masse entstanden ist. Entfernen Sie den Karton.
2. Stellen Sie den Kopf her: Umwickeln Sie ein Ende mit einem Faden. Verknoten Sie den Faden 5 cm vom Ende entfernt, um die Form des Kopfes zu erhalten.
3. Stellen Sie die Arme her: Führen Sie Schritt 1 noch einmal durch, allerdings mit weniger Wolle. Verknoten Sie den Faden jeweils 2 cm vom Ende entfernt, um die Hände zu bilden.
4. Verbinden Sie Körper und Arme: Führen Sie die Arme durch den Körper und verbinden Sie beide Elemente, indem Sie sie verknoten.
5. Stellen Sie die Beine her: Teilen Sie die Schlaufen des unteren Körperteils in zwei Hälften auf. Flechten Sie dann beide Teile. Binden Sie die Fäden jeweils 2 cm vom Ende entfernt ab, um die Füße zu formen.
6. Schneiden Sie zum Schluss die Schlaufen von Händen und Füßen durch. Sie können Ihre Dagyde auch mit persönlichen Elementen versehen (Haarsträhne, Foto, Objekt, Papier mit Namen und Geburtsdatum).

EMPFEHLUNG

Die Regel der dreifachen Wiederkehr

Die Magie ist ein mächtiges Werkzeug. Jeder Mensch nutzt sie so, wie er es für richtig hält, aber wir empfehlen Ihnen, sich selbst und anderen gegenüber stets freundlich zu sein, wenn Sie eine Absicht oder einen Wunsch formulieren. In vielen Magieformen kennt man die Regel der dreifachen Wiederkehr. Jede Handlung kommt dreimal so stark zurück. Ein böser Fluch bedeutet für die Person, die ihn ausspricht, oft ein großes Unglück.

Das Buch der Schatten

Das Buch der Schatten ist auf jeden Fall der persönlichste Gegenstand einer Hexe. Es enthält alle Aufzeichnungen Ihrer magischen Praxis.

Das Buch der Schatten ist ein Vertrauter, der Sie bei Ihren Ritualen und Ihrer magischen Arbeit begleitet. Es enthält Ihre Rezepte, Heilmittel, Anleitungen für Rituale, aber auch Ihre Anmerkungen und Erfahrungsberichte. Sie können darin ebenfalls Ihre Träume und Eindrücke festhalten. Kurzum, es ist eine Art umfassendes Tagebuch.

Ein Buch der Schatten oder ein Zauberbuch ist ein absolut persönlicher Gegenstand. Es kann verschiedene Formen haben, z.B. ein schönes gebundenes Buch, ein Schulheft oder ein kleines Notizbuch. Wichtig ist, dass Sie sich für ein Buch entscheiden, mit dem Sie sich wohlfühlen und das Sie individuell gestalten können. Wir möchten Ihnen an dieser Stelle empfehlen, ein eigenes Buch der Schatten herzustellen, das Ihren persönlichen Vorstellungen entspricht.

WAS SIE BENÖTIGEN

Für ein Buch der Schatten im Format DIN A5:

- DIN-A4-Blätter, 90 g/qm in der Farbe Ihrer Wahl (zwischen 25 und 150 Stück, je nach gewünschter Dicke des Buchs)
- Garn
- 1 Nadel
- 2 große Bücher, die sich als Presse eignen
- Starker Kleber
- 1 DIN-A2-Blatt, 80 oder 90 g/qm, Farbe nach Wahl
- 1 Stück Karton, ca. 30 × 40 cm
- 1 Lineal
- 1 Bleistift
- 1 Cuttermesser

PHASE 1: DIE HEFTE

1. Legen Sie 5 DIN-A4-Blätter übereinander und falten Sie sie in der Mitte. Nähen Sie die Blätter an der Falte zusammen, sodass ein kleines Heft entsteht. Wiederholen Sie diesen Vorgang mehrmals, je nachdem, wie viele Blätter Ihr Heft enthalten soll.
2. Legen Sie die Hefte übereinander und pressen Sie sie zwischen zwei dicken Büchern zusammen. Tragen Sie Kleber auf den Rücken des zukünftigen Buchs auf, um die Hefte zusammenzukleben. Lassen Sie den Kleber trocknen und wiederholen Sie den Vorgang zweimal, damit die Verbindung gut hält.

PHASE 2: DER BUCHDECKEL

1. Messen Sie die Breite des Buchrückens. Schneiden Sie dann ein Stück Karton von der Breite des Buchrückens und 22 cm Länge sowie zwei weitere Stücke in der Größe 22 × 15,3 cm für den Vorder- und den Rückdeckel aus.
2. Kleben Sie erst den Vorderdeckel, dann den Buchrücken und schließlich den Rückdeckel auf die Rückseite des DIN-A2-Papiers und lassen Sie dabei einen Abstand von 3 mm zwischen den einzelnen Teilen.
3. Schneiden Sie das überschüssige Papier ab und lassen Sie dabei einen 5 cm breiten Rand um den Buchdeckel stehen. Schneiden Sie dann die Ecken schräg ab.
4. Kleben Sie mit dem Kleber die Laschen auf den Karton, zuerst in der Breite und dann in der Höhe.

PHASE 3: ZUSAMMENHEFTEN

1. Kleben Sie die erste Seite auf den Vorderdeckel.
2. Kleben Sie die letzte Seite auf den Rückdeckel und drücken Sie das Buch zusammen.
3. Schließen Sie das Buch und lassen Sie es einige Minuten trocknen. Sie können gern einen schweren Gegenstand wie ein Lexikon darauflegen, damit Ihr Buch während des Trocknens geschlossen bleibt.

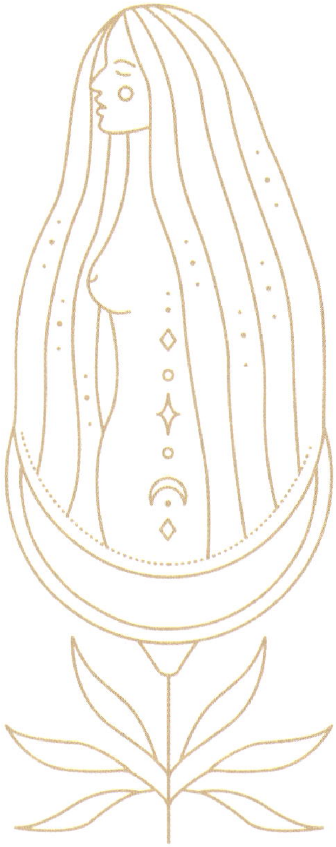

WEITERE SCHRITTE

Personalisieren Sie Ihren Buchdeckel mit einem oder mehreren magischen Zeichen Ihrer Wahl (siehe S. 140).

IDEEN FÜR DEN INHALT

✧ ***Ihr Profil***
Geburtsdatum, Geburtshoroskop, numerologisches Horoskop, die Magieformen, die Sie praktizieren oder beschäftigen.

✧ ***Rezepte, Heilmittel und magische Gegenstände***
Ihre Kreationen oder Dinge, die Sie in Büchern oder im Internet gefunden haben.

✧ ***Rituale***
Ihre Rituale oder solche, von denen Sie in Büchern oder im Internet gelesen haben.

✧ ***Recherchen***
Informationen, die Sie für relevant halten, oder solche, denen Sie nachgehen oder die Sie überprüfen möchten.

✧ ***Bibliografie***
Alle Bücher, die Sie gelesen haben oder lesen möchten, die sich mit Magie oder persönlicher Entwicklung befassen oder Inspiration für Ihren Alltag sind.

✧ ***Träume***
Egal, ob sie Sinn ergeben oder nicht.

✧ ***Daten heidnischer Feste***
Sowie die Rituale, die zu diesen Anlässen durchgeführt werden.

✧ ***Zitate und Mantras***
Notieren Sie auch inspirierende Zitate, die Sie beim Lesen entdeckt haben.

✧ ***Pflanzen und Steine***
Notieren Sie die natürlichen magischen Hilfsmittel, die Sie auf Ihrem Weg finden, ebenso wie ihre Eigenschaften.

✧ ***Berichte zu Ritualen***
Notieren Sie, was funktioniert hat und was nicht – und was Sie bei der Durchführung empfunden haben.

✧ ***Seiten zum intuitiven Schreiben***
Setzen Sie Ihren Stift auf das Papier, leeren Sie Ihren Geist und lassen Sie die Wörter fließen.

✧ ***Collagen, Ausschnitte und Zeichnungen***
... und alles, was Sie hineinlegen möchten.

Gegenstände zum Wahrsagen

In diesem Kapitel schlagen wir Ihnen eine Auswahl magischer Gegenstände zum Wahrsagen vor.

Die allumfassende und komplexe Kunst der Wahrsagerei ist eine der am weitesten verbreiteten magischen Praktiken. Sie kommt in allen Zivilisationen vor. Orakel bilden die Grundpfeiler verschiedener Mythologien.

Die in diesem Kapitel vorgestellten, wirkungsvollen Hilfsmittel sollen Sie bei Ihrer wahrsagerischen Arbeit unterstützen und sind zugleich wertvolle Werkzeuge, mit denen Sie Ihre Intuition fördern, sich selbst besser kennenlernen und ihre Umwelt besser erfassen und verstehen können.

Pendel

Das Pendel ist ein Schlüsselwerkzeug für eine intuitive und mediale Praxis. Es hilft uns, Antworten zu finden, die unser Bewusstsein allein nicht wahrnehmen kann.

Die Praxis des Pendelns fällt in den Bereich der Radiästhesie: So werden Botschaften verstärkt, die der Geist unbewusst wahrnimmt, und mit Hilfe des physischen Körpers wiedergegeben. Das Pendel wird zu einer Art Erweiterung unseres Selbst. Die Wahl des Pendels ist Ihnen überlassen, d.h. jedes Gewicht, das am Ende eines Fadens hängt, kann als Pendel dienen. Dennoch ist es ein sehr persönliches Hilfsmittel, das bewusst ausgesucht werden sollte, zum Beispiel ein Schmuckstück.

WAS SIE BENÖTIGEN

- 1 Stein mit einem Durchmesser von 20 bis 25 mm
- 1 Perlenkäfig mit einem Durchmesser, der zu Ihrem Stein passt
- 1 Perle, 8 bis 10 mm groß
- 1 weicher Nagel mit einem 10 mm breiten Kopf
- eine 3-in-1-Schmuckzange
- 2 kleine offene Ringe für feine Ketten
- 1 feinmaschige Kette, 20 cm lang

1

2

3

4

1. Legen Sie den ausgewählten Stein in den Perlenkäfig. Verwenden Sie einen Stein aus der Natur oder einen rohen oder glatt geschliffenen Stein der Lithotherapie, wie sie in Geschäften erhältlich sind. Dabei spielt es keine Rolle, ob er rund oder spitz ist.
2. Setzen Sie die Perle auf den Nagel. Biegen Sie den Nagel mit dem Ende Ihrer Zange und rollen Sie ihn ein, sodass eine kleine Schlaufe entsteht. Ziehen Sie die Schlaufe mit dem flachen Teil der Zange fest, sodass sie fest verschlossen ist.
3. Öffnen Sie mit der Schmuckzange einen Ring und schieben Sie ihn durch die Masche am Ende der Kette. Schieben Sie die Schlaufe der Perle (in Schritt 2 geformt) in diesen Ring. Schließen Sie den Ring.
4. Öffnen Sie den zweiten Ring und schieben Sie ihn durch die Masche am anderen Ende der Kette. Schieben Sie die Schlaufe des Perlenkäfigs, in dem sich der Stein befindet, in diesen Ring. Schließen Sie den Ring.

WIE WIRD DAS PENDEL BENUTZT?

Halten Sie das Pendel in der rechten Hand (oder in der linken, wenn Sie Linkshänder:in sind). Halten Sie die Kette zwischen Daumen und Zeigefinger und lassen Sie sie vorsichtig 10 cm hinabgleiten.

Pendel reagieren nicht alle gleich. Sie müssen daher lernen, die Antworten zu entschlüsseln. Stellen Sie bei der ersten Verwendung einfache und offensichtliche geschlossene Fragen und lassen Sie das Pendel reagieren. Manche Pendel schwingen von links nach rechts, andere von vorne nach hinten, wieder andere drehen sich im Kreis. Beobachten Sie und finden Sie heraus, welche Bewegungen »Ja« und welche »Nein« bedeuten.

Wenn Sie die Sprache Ihres Pendels verstanden haben, können Sie loslegen. Dafür können Sie entweder geschlossene Fragen stellen, auf die nur eine Antwort mit »Ja« oder »Nein« möglich ist, oder vorgedruckte oder von Ihnen selbst angefertigte Bögen verwenden (siehe Schablone auf der nächsten Seite). Damit das Pendeln funktioniert, achten Sie auf eine ruhige Umgebung und harmonische, ausgeglichene Energien. Nehmen Sie sich gern etwas Zeit, um zu meditieren und Ihre Erwartungen klar zu definieren.

LEERER BOGEN

In jedes Viertel des leeren Bogens können Sie eine mögliche Antwort auf Ihre Frage schreiben. Halten Sie das Pendel über den mittleren unteren Bereich des Bogens, stellen Sie Ihre Frage und achten Sie auf die Bewegung des Pendels, das sich zu einem der Viertel hinbewegen sollte.

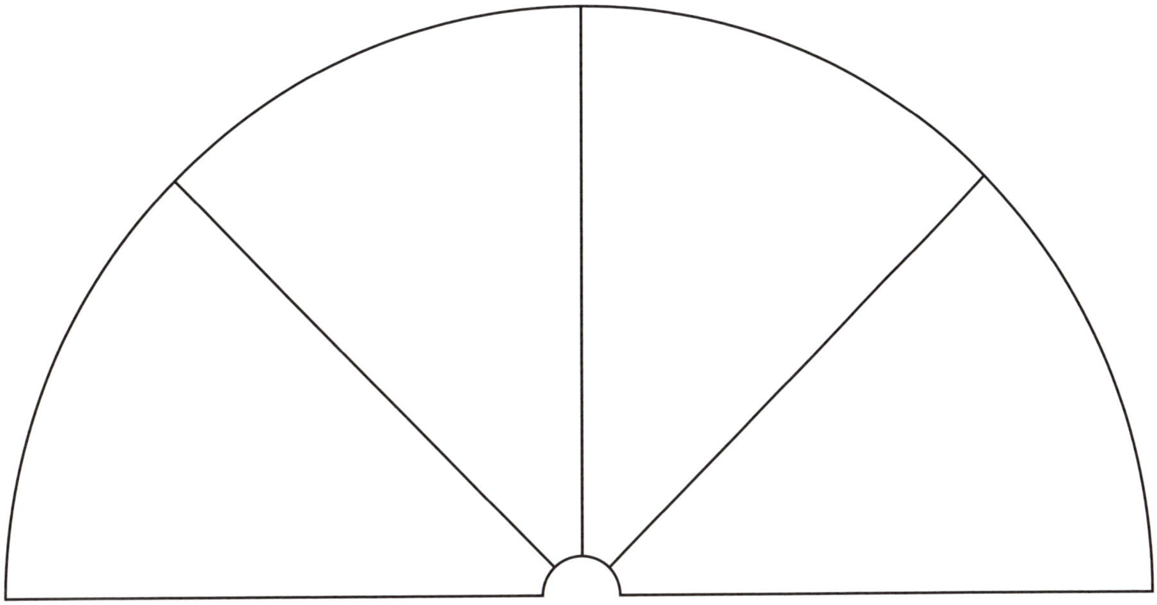

Magischer Tipp

Unabhängig davon, ob Sie sich für einen rohen oder glatt geschliffenen Stein der Lithotherapie oder einen Stein aus der Natur entscheiden, empfehlen wir Ihnen, bei der Herstellung des Pendels einen Stein zu verwenden, der Sie direkt anspricht.

Runen

Runen sind Symbole, die Energien freisetzen, wenn sie gezeichnet oder visualisiert werden, und mit denen man eine Absicht festlegen kann.

Es gibt mehrere Runenalphabete. Am bekanntesten ist die sogenannte Futhark-Reihe, die wir hier vorstellen. Sie wurde ab dem 15. Jahrhundert von nordischen, germanischen und angelsächsischen Bevölkerungen verwendet. Es gibt auch ungarische und türkische Runenalphabete. Um eine Absicht festzulegen, kann das Runenalphabet auf alle möglichen Gegenstände gezeichnet werden. Es kann aber auch als Hilfsmittel zum Wahrsagen dienen; dabei wird zunächst jeder Buchstabe auf ein Stückchen Holz oder einen Stein geschrieben.

WAS SIE BENÖTIGEN

◊ 26 kleine Steine aus der Natur (oder kleine Holzscheiben)
◊ 1 Filzstift
◊ 1 kleiner Beutel

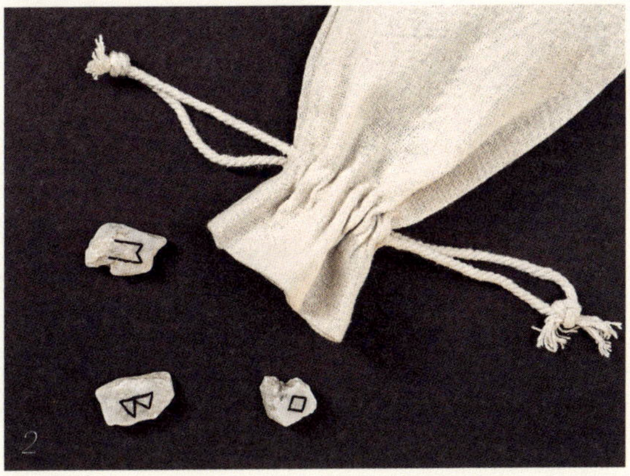

1. Zeichnen Sie auf jeden Stein einen Buchstaben des Runenalphabets. Lassen Sie einen Stein leer.
2. Bewahren Sie Ihre Runen in einem Beutel auf, den Sie personalisieren können, indem Sie ein magisches Symbol oder Ihre Lieblingsrune daraufsticken.

RUNEN ZIEHEN

1. Stellen Sie eine Frage.
2. Ziehen Sie 3 Runen aus dem Beutel.
3. Sehen Sie sich die Tabelle auf der nächsten Seite an, um Ihren Zug zu deuten.

WEITERE SCHRITTE

Es gibt zahlreiche Möglichkeiten, Runen zu ziehen. Es ist eine tolle, aber komplexe Kunst, die man durch regelmäßiges Üben über einen längeren Zeitraum hinweg erlernt. Besorgen Sie sich mindestens zwei Bücher zu dem Thema, um die verschiedenen Zug- und Deutungsmöglichkeiten miteinander zu vergleichen. So können Sie Ihre Praxis verfeinern und die Runen und ihre Bedeutungen optimal nutzen.

DAS RUNENALPHABET DER FUTHARK-REIHE

ᚠ

Fehu: Wohlstand, Fülle, Erfolg, Gesundheit

ᚢ

Uruz: Macht, Wille, Mut, Resilienz

ᚦ

Thurisaz: Entscheidung, die es zu treffen gilt, Handlung, kreative Energie

ᚨ

Ansuz: Inspiration, Weisheit, Kommunikation

ᚱ

Raidho: Reisen, Handlung, Fortschritt, spiritueller Weg

ᚲ

Kenaz: Feuer, Licht, Vision, Wissen, Schöpfung

ᚷ

Gebo: Großzügigkeit, Geschenk, Liebe, Teilen

ᚹ

Wunjo: Freude, Vergnügen, Harmonie, Komfort

ᚺ

Hagalaz: Luft, Gewitter, Veränderungen, Transformation

ᚾ

Nauthiz: Prüfungen, Autonomie, Akzeptanz, Geduld

ᛁ

Isa: Eis, Herausforderungen, Pause, Blockaden

ᛃ

Jera: Erde, Ernte, Wachstum, Entwicklung

ᛇ

Eihwaz: Transformation, Wiedergeburt, Zyklusveränderung

ᛈ

Perthro: Weiblichkeit, Geheimnis, Magie, Schicksal

ᛉ

Algiz: Schild, Schutz, Selbstverteidigung, Warnung

ᛊ

Sowilo: Sonne, Erfolg, Gesundheit, Energie

ᛏ

Tiwaz: Pflicht, Kampfgeist, Gerechtigkeit, Mut

ᛒ

Berkana: Geburt, Anfang, Befreiung, Neuheit

ᛖ

Ehwaz: Team, Loyalität, Wahrheit, Freundschaft

ᛗ

Mannaz: Menschlichkeit, Kultur, Zusammenarbeit, Gemeinschaft

ᛚ

Laguz: Wasser, Gefühle, Traum, Intuition

ᛜ

Ingwaz: Männlichkeit, Energie, Fruchtbarkeit, Wachstum

ᛞ

Dagaz: Tag, Bewusstsein, Harmonie, Gleichgewicht

ᛟ

Othala: Zuhause, Erbe, Ahnen, Familie, Stabilität

Leere Rune: Die Antwort auf die gestellte Frage ist noch nicht bekannt.

Orakel

Als Orakel bezeichnete man eine Person, die wahrsagerische Fähigkeiten besitzt. Im antiken Griechenland wurden Orakel aufgesucht, um die Götter zu befragen und Antworten auf Fragen zu Gegenwart und Zukunft zu erhalten.

Heutzutage sind Orakel Karten, die gezogen werden und uns Orientierung geben sollen. Sie werden manchmal auch in der Persönlichkeitsentwicklung eingesetzt und dienen dazu, die Zukunft vorherzusagen oder zu einer tieferen Selbstkenntnis zu gelangen. Im Handel sind zahlreiche Orakel zu verschiedenen Themen erhältlich, weshalb es schwierig sein kann, den Überblick zu behalten und das passende Orakel auszuwählen. Indem wir unsere eigenen Orakelkarten herstellen, kreieren wir ein persönliches Hilfsmittel, das auf unsere aktuellen Wünsche und Bedürfnisse zugeschnitten ist.

HINWEIS

Wenn Sie das Design nicht mögen, können Sie auch nur Text auf Ihre Karten schreiben. Sie können auch Bilder auf Ihre ausgeschnittenen Karten kleben. Vertrauen Sie auf Ihre Kreativität.

WIE WIRD EIN ORAKEL VERWENDET?

Einfacher Zug

Wenn Sie lediglich eine Karte ziehen, wird Ihnen eine präzise Frage beantwortet, auf die Sie sofort eine Antwort erhalten möchten. Sie können auch zu Beginn des Tages eine Karte ziehen, um mehr über den Tagesablauf zu erfahren und zu sehen, was in den nächsten Stunden ansteht.

Dreifacher Zug

Sie können auch eine Frage stellen und drei Karten ziehen, die Sie vor sich hinlegen. Die erste beschreibt die Vergangenheit, die zweite die Gegenwart und die dritte die Zukunftsperspektiven in dem Moment, in dem die Frage gestellt wird.

Komplexer Zug

Es gibt viele Möglichkeiten, Karten zu ziehen (u.a. über Kreuz oder in Mandalas) und für sich nutzbar zu machen. Informieren Sie sich weiter über das Thema und testen Sie die verschiedenen Techniken, um herauszufinden, welche am besten zu Ihnen passt.

WAS SIE BENÖTIGEN

- Blätter, mind. 200 g/qm oder Bristolkarton
- 1 Lineal
- 1 Bleistift
- 1 Schere
- Zeichenmaterial nach Wahl (Filzstifte, Buntstifte, Farbe ...)

Ein Orakel umfasst in der Regel etwa 50 Karten.

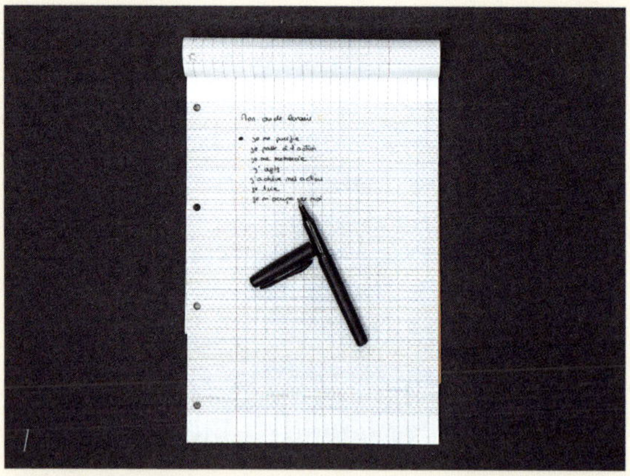

1. Wählen Sie ein beliebiges Thema und listen Sie die Namen der Karten auf, die Ihr Spiel enthalten soll, um die Anzahl zu bestimmen.

2. Wählen Sie ein Format und zeichnen Sie die Karten mit Lineal und Bleistift auf Papier oder verwenden Sie Karten aus Bristolkarton.

3. Zeichnen Sie den Inhalt Ihrer Karten und/oder schreiben Sie ihn darauf. Schneiden Sie die Karten aus und bewahren Sie sie zum Schutz in einem hübschen Etui auf.

Ich handle.

THEMATISCHE IDEEN FÜR DAS ORAKEL

- Inspirierende Zitate
- Mantras
- Natur (Bäume, Blumen, Pflanzen)
- Tiere
- Gefühle
- Götter
- Engel
- Tarot
- Astrologie
- Göttliche Weiblichkeit
- Berühmtheiten
- etc.

Vertrauen Sie auf Ihre Intuition, um die Thematik Ihres Orakels festzulegen.

WEITERE SCHRITTE

Wenn Sie möchten, können Sie auch ein kleines Anleitungsheft schreiben, in dem Sie Ihre Karten erklären und die Bedeutung jeder Karte aufschreiben. So können Sie auch den Personen helfen, die Ihre Orakelkarten ziehen.

KARTENFORMATE

- ✧ französisches Format: 5,4 × 8,5 cm
- ✧ Pokerformat: 6,3 × 8,9 cm
- ✧ Tarotformat: 6 × 11,3 cm
- ✧ oder das Format Ihrer Wahl (quadratisch, rauten- oder vielleicht sternförmig).

Teil 3

MAGISCHE ÜBERLIEFERUNGEN

Heidnische Feste und ihre Rituale

HERBST

Element: Wasser
Farben: Braun, Orange, Purpurrot, Rot, Schwarz und Blau

✧ *MABON – Herbst-Tagundnachtgleiche 21. bis 23 September*

Was wir ehren: den Reichtum der Erde, die Fülle und das Ende der Ernten.

Es ist an der Zeit, in der Natur spazieren zu gehen, Objekte für den Altar zu sammeln und das Zuhause (Räucherungen) und den Körper (Salz- und Pflanzenbad) energetisch zu reinigen.

Was Sie auf Ihren Altar legen können: Kerzen, Räucherstäbchen oder -bündel, Laub, Blumen, saisonales Obst und Gemüse, Weizen, Holz, Steine, Eicheln, Tannenzapfen.

✧ *SAMHAIN 31. Oktober bis 1. November*

Was wir ehren: die Verstorbenen, die Dunkelheit, die Magie und alles, was unsichtbar ist.

Es ist an der Zeit, uns bei unseren Verstorbenen, aber auch bei den Lebenden zu bedanken. Dies ist eine intensive Zeit für intuitives Arbeiten (z.B. mit Orakeln, Runen oder Pendeln).

Was Sie auf Ihren Altar legen können: Kerzen, Räucherstäbchen oder -bündel, Fotos von Verstorbenen, kleine Widmungen an sie.

WINTER

Element: Erde
Farben: Rot, Grün und Weiß

✧ *YULE – Wintersonnenwende 21. bis 23. Dezember*

Was wir ehren: die längste Nacht des Jahres, die Rückkehr des Lichts, die Wiedergeburt der Sonne, Menschen, die uns nahestehen.

Es ist an der Zeit, ein Feuer zu entfachen oder Kerzen zu entzünden und einen Baum zu schmücken. Wir sollten uns ausruhen und zu unseren Ängsten und Befürchtungen meditieren, um sie zu konfrontieren und sie im Licht zu visualisieren.

Was Sie auf Ihren Altar legen können: Kerzen, Misteln, Stechpalmen, Girlanden, Geschenke für Ihre Mitmenschen.

✧ *IMBOLC 1. bis 2. Februar*

Was wir ehren: die Rückkehr des Lichts und der Hoffnung.

Es ist an der Zeit, zu unseren Projekten und ihrer Umsetzung zu meditieren und uns von den physischen und seelischen Belastungen des Winters zu befreien, indem wir unser Zuhause (Räucherung oder Verwendung von Salz) und unseren Körper (Salz- oder Pflanzenbad) reinigen.

Was Sie auf Ihren Altar legen können: Kerzen, Salz, Wasser, Räucherbündel oder -stäbchen.

FRÜHLING

Element: Luft
Farben: Grün, Gelb, Weiß und Rosa

✧ *OSTARA – Frühlings-Tagundnachtgleiche, 20. bis 23. März*

Was wir ehren: den Beginn des Frühlings, die Rückkehr des Lichts und die Wiedergeburt der Natur (die Tatsache, dass alles keimt und grünt).

Es ist an der Zeit, Samen auszustreuen: indem wir die Erde bearbeiten und Samen aussäen (und sei es nur in Töpfen auf einer Fensterbank), aber auch symbolisch, indem wir unsere Vorhaben auf Papierzettel schreiben, die wir in eine Schüssel auf den Altar legen oder in der Erde vergraben.

Was Sie auf Ihren Altar legen können: Kerzen, einen Korb, bemalte Eier, Blumen, Samen.

✧ *BELTANE 30. April bis 1. Mai*

Was wir ehren: die Erneuerung des eigenen Lebens, die Freude und die Ausdehnung.

Es ist an der Zeit, über die Umsetzung unserer Projekte und im allgemeineren Sinn über das Leben zu meditieren. Zünden Sie Kerzen an, entfachen Sie draußen ein Feuer, stellen Sie Pflanzenkränze her und drücken Sie Ihre Freude aus, beispielsweise durch Gesang oder Tanz.

Was Sie auf Ihren Altar legen können: Kerzen, saisonale Blumen und Früchte, in der Natur gesammelte Objekte, pflanzliche Kreationen.

SOMMER

Element: Feuer
Farben: Weiß, Gelb, Gold, Orange, Rosa und Grün

✧ *LITHA – Sommersonnenwende 20. bis 22. Juni*

Was wir ehren: den Höhepunkt des Lichts, der Liebe und der Verbindung (mit anderen, aber auch zu uns selbst), die Energie und die Freude.

Es ist an der Zeit, diesen Tag so lang wie möglich, bis zu den letzten Sonnenstrahlen auszukosten, zu tanzen, zu singen und zu musizieren (am besten im Freien um ein Feuer herum) und Heilpflanzen, Obst und Blumen zu sammeln.

Was Sie auf Ihren Altar legen können: Kerzen, Blumen, Pflanzen und saisonales Obst.

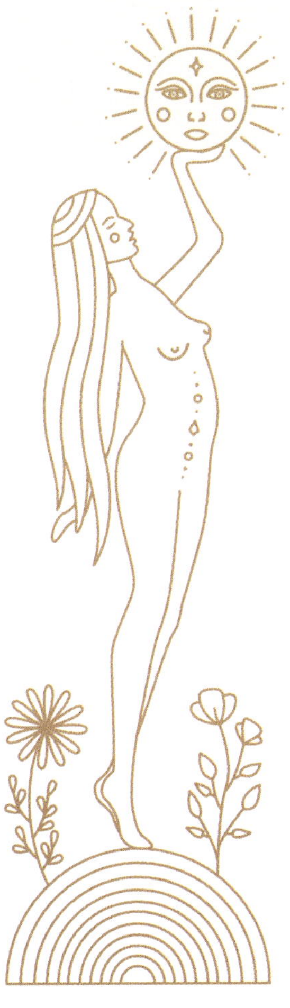

✧ *LUGNASAD (oder LAMMAS) 1. bis 3. August*

Was wir ehren: die ersten Ernten, unsere abgeschlossenen Handlungen, die Fülle und das Wachstum.

Es ist an der Zeit, uns bei der Erde zu bedanken, indem wir Weizenrezepte ausprobieren und austauschen. Wir können uns auch für unsere abgeschlossenen Handlungen bedanken, egal, ob sie positive oder negative Folgen hatten. Wir sollten auch dankbar für unsere Impulse und Gefühle sein, die es uns ermöglichen, unseren Weg zu gehen.

Was Sie auf Ihren Altar legen können: Kerzen, Weizenähren, saisonales Obst, Gemüse und Blumen, Brot.

Liste der magischen Wirkkräfte von Pflanzen

Giftige Pflanzen werden in dieser Liste nicht aufgeführt.

✧ Aphrodisiakum

Basilikum
Koriander
Liebstöckel
Melisse
Orangenbaum
Oregano
Rose
Salbei
Zimt

✧ Entspannung/Beruhigung

Baldrian
Basilikum
Eisenkraut
Hirtentäschel
Hornklee
Immortelle
Johanniskraut
Orangenbaum
Römische Kamille
Salbei
Wacholder
Zimt

✧ Frieden

Engelwurz
Haselnussstrauch
Linde
Löwenzahn
Malve
Minze
Oregano
Rosmarin

✧ Fülle

Basilikum
Fenchel
Geißblatt
Lavendel
Mohn
Römische Kamille
Thymian
Ysop

✧ Glück

Bergamotte
Bohnenkraut
Efeu
Farn
Heidekraut
Lorbeer
Löwenzahn
Mistel
Mohnblume
Olivenbaum
Oregano

✧ Harmonie und Gleichgewicht (Körper und Geist)

Baldrian
Eukalyptus
Geißblatt
Koriander
Liebstöckel
Linde
Melisse
Mohn
Orangenbaum
Ringelblumen
Schafgarbe
Stiefmütterchen
Thymian
Zimt

✧ Heilung (Körper und Seele)

Baldrian
Bohnenkraut
Buchsbaum
Eiche
Engelwurz
Eukalyptus
Johanniskraut
Kiefer
Lavendel

Lorbeer
Mistel
Olivenbaum
Pfingstrose
Römische Kamille
Rose
Rosmarin
Salbei
Thymian

Inspiration und Kreativität

Buchsbaum
Eisenkraut
Eukalyptus
Römische Kamille
Stiefmütterchen
Wacholder
Zimt

Intuition

Eibisch
Haselnussstrauch
Lavendel
Lorbeer
Orangenbaum
Rosmarin
Salbei
Schafgarbe

Kommunikation und soziale Beziehungen

Geißblatt
Immergrün
Linde
Minze
Ringelblumen
Stiefmütterchen
Thymian
Ysop

Konzentration

Eukalyptus
Liebstöckel
Minze
Rosmarin
Sellerie

Langlebigkeit

Bohnenkraut
Melisse
Orangenbaum

Liebe (zu sich selbst und zu anderen)

Beifuß
Dill
Efeu
Engelwurz
Eukalyptus
Geißblatt
Koriander
Lavendel
Römische Kamille
Rose
Schafgarbe
Thymian

Medialität

Beifuß
Distel
Engelwurz
Olivenbaum

Meditation

Eisenkraut
Lavendel
Melisse
Römische Kamille
Rose
Salbei

Mut und Kraft

Borretsch
Brennnessel
Dill
Distel
Eiche
Engelwurz
Johanniskraut
Knoblauch
Koriander
Lorbeer
Wacholder

Reinigung (Orte und Personen)

Basilikum
Brennnessel
Eisenkraut
Eukalyptus
Kiefer
Lavendel
Liebstöckel
Linde

Lorbeer
Minze
Ringelblumen
Rosmarin
Salbei
Sellerie
Thymian
Ysop

Schlaf

Heidekraut
Mohn
Lavendel
Rose
Thymian
Eisenkraut

Schutz (Orte und Personen)

Baldrian
Basilikum
Beifuß
Bohnenkraut
Brennnessel
Distel
Efeu
Eibisch
Eiche
Engelwurz
Erdbeere
Eukalyptus
Farn
Feldthymian
Geißblatt
Heidekraut
Immergrün
Kiefer
Knoblauch
Lavendel
Liebstöckel
Linde
Malve
Melisse
Minze

Mistel
Olivenbaum
Oregano
Römische Kamille
Rose
Rosmarin
Salbei
Schafgarbe
Sellerie
Wacholder
Ysop

✧ Seelische Erhebung

Basilikum
Beifuß
Borretsch
Geißblatt
Thymian

✧ Spirituelle Erhebung

Basilikum
Eisenkraut
Engelwurz
Minze
Olivenbaum
Rose
Salbei

✧ Träume

Beifuß
Farn
Hornklee
Mohnblume
Pfingstrose

✧ Verankerung

Engelwurz
Immortelle
Liebstöckel

✧ Wahrsagen und Hellsehen

Beifuß
Eibisch
Haselnussstrauch
Heidekraut
Hirtentäschel
Hornklee
Lavendel
Liebstöckel
Lorbeer
Orangenbaum
Rosmarin
Sellerie

Die Bedeutung der Farben

DIE FARBEN DER ELEMENTE UND DER HIMMELSRICHTUNGEN

✧ Blau
Element: Wasser
Himmelsrichtung: Westen
Bedeutungen: Frieden, Freude, Weisheit, Träume

✧ Gelb
Element: Luft
Himmelsrichtung: Osten
Bedeutungen: Kreativität, Fruchtbarkeit, Inspiration

✧ Grün
Element: Erde
Himmelsrichtung: Norden
Bedeutungen: Wohlstand, Fülle, Glück, Heilung

✧ Rot
Element: Feuer
Himmelsrichtung: Süden
Bedeutungen: Handlung, Liebe, Lebenskraft

MAGISCHE HAUPTFARBEN

✧ Blasslila
Selbstvertrauen, fördert die Konzentration und Telepathie

✧ Braun
Erde, Wohlstand, Fülle, Schutz der Tiere

✧ Elfenbeinweiß
Fördert die Inspiration

✧ Gold
Glück, Intuition, Wohlstand, Selbstvertrauen

✧ Grau
Neutralität, Mediation, neutralisiert negative Energien

✧ Indigoblau
Loyalität, erhöht den Einfluss, Klarheit des Geistes, vertreibt negative Energien, Meditation

✧ Lila (Mischung aus Blau und Rot)
Psychische Energien, Spiritualität, Weisheit, Wahrsagen, Kontakt mit Geistern, Meditation

✧ Orange
Handlung, Ehrgeiz, Erfolg, Freude

✧ Rosa
Freundschaft, Liebe, Weiblichkeit, Mitgefühl

✧ Schwarz
Verankerung, Verbindung zum Jenseits, Beschwörung, Schutz

✧ Silber
Meditation, psychische Kräfte, Beschwörung, weibliche Kraft

✧ Weiß
Reinheit, Schutz, Gleichgewicht, Spiritualität, Erneuerung (Weiß kann ein Ersatz für andere Farben sein.)

Magische Zeichen und Symbole

Göttin
Gott
Kelch
Räucherschale
Kessel
Pentakel
magischer Kreis
Frühling
Sommer
Herbst
Winter
Sonne
Mond
Mondaufgang
Monduntergang
zunehmender Mond
Vollmond
abnehmender Mond
Neumond
Merkur
Venus
Mars
Jupiter
Saturn
Uranus
Neptun
Pluto
Luft
Wasser
Feuer
Erde
Schutz
Reichtum
Reise
Heilung
Mann
Frau
Liebe

Mondphasen

Mit diesen Mondphasen können Sie die Schablonen für das Mondmobile auf S. 48 herstellen.

✧ **Vollmond**

✧ Mondsichel

✧ Mondviertel

✧ Dreiviertelmond

Notizen

Flos & Luna

Liebe Hexenden,

falls Ihnen die Vorschläge in diesem DIY-Buch gefallen haben und Sie neugierig geworden sind, können Sie manches davon in unserem Online-Shop Flos & Luna entdecken. Dort finden Sie unsere auf Pflanzenbasis hergestellten Produkte, die von Kräuterkunde und Magie inspiriert sind.

Die Firma Flos & Luna wurde 2020 gegründet. Sie setzt sich dafür ein, den Reichtum der magischen Pflanzen in Frankreich und Europa zu fördern. Wir bieten Räucherbündel, Amulette, Tees oder Kerzen an, die mit viel Liebe von uns in unseren Hexenhäuschen in Nantes hergestellt wurden.

Sie finden in unserem Laden auch magische Kreationen anderer französischer Künstler:innen, die sorgfältig ausgewählt wurden.

Schreiben Sie uns gern über unsere Social-Media-Seiten an, um uns Ihre schönen DIY-Kreationen zu zeigen und uns alle Ihre Fragen zu stellen.

Bis ganz bald auf Flos & Luna,

Flora und Marine

Seit ihrer frühesten Kindheit verfügt **Marine Nina Denis** über eine gewisse Feinfühligkeit und Sensibilität. Als Jugendliche interessierte sie sich für das Unsichtbare und Magie. Seitdem hat sie nie aufgehört zu lernen und zu praktizieren. **Flora Denis** hat sich von der Kraft der Pflanzen verzaubern lassen und studiert seit mehreren Jahren ihre Wirkung auf das körperliche und seelische Wohlbefinden.

Inspiriert von der Kräuterkunde sowie von der weißen, der grünen und der Wicca-Magie haben die beiden Schwestern die Marke Flos & Luna gegründet, die handgefertigte Kreationen zur Unterstützung der persönlichen und spirituellen Entwicklung anbietet.

www.flosetluna.fr
Instagram und Facebook: **@flosetluna**

DANK

Danke an Chloe, unsere Lieblingsverlegerin, für ihr Vertrauen und ihr Licht.
Danke an alle Hexenden, die unsere Wege kreuzen, und auch an alle,
die keine Magie praktizieren und uns mit ihren Talenten inspirieren.
Danke an Benoit, Cassandre, Jonathan, Kelso, Lucie und Martin dafür,
dass ihr unseren Alltag zum Strahlen bringt.

Hinweis:
Die Autorinnen und Herausgeber:innen dieses Buchs übernehmen keine Haftung für den Fall, dass die hier vorgestellten Pflanzen falsch oder unangemessen verwendet werden. Bei Fragen wenden Sie sich bitte an Ihre Ärzt:innen oder Apotheker:innen.

Titel der Originalausgabe: *Le Grand livre du DIY de sorcière – Amulettes, Grimoire, Baguette, Runes, Bougies*

Deutsche Erstausgabe

Ein Unternehmen der Média-Participations

Projektleitung: Emma Oeding, Knesebeck Verlag
Übersetzung: Svenja Tengs, Berlin
Lektorat und Satz: Gunnar Musan, Neumünster
Umschlaggestaltung: Leonore Höfer, Knesebeck Verlag
Herstellung: Arnold & Domnick, Leipzig
Druck: NEOGRAFIA, a.s.
Printed in Slovakia

ISBN 978-3-95728-832-5

www.knesebeck-verlag.de

MIX
Papier | Fördert gute Waldnutzung
FSC® C020353